En avant les vieux !

Du même auteur :

Pour ses beaux yeux, Salvator, 2016

Aux âmes citoyens !, Salvator, 2018

Les bobos sapiens, Salvator, 2022

NATALIE
SARACCO

En avant les vieux !

Vous êtes l'armée du Bon Dieu

ARTÈGE

Éditions Artège
10 rue Mercœur – 75011 Paris
9 espace Méditerranée – 66000 Perpignan

www.editionsartege.fr

ISBN : 979-10-336-1494-4
EAN Epub : 9791033615545

Je confie cet ouvrage et ses fruits à saint Jean-Paul II,
un pape hors pair et un ancien héroïque…
Aux vieux,
à tous ceux qui aiment les vieux,
à tous ceux qui s'occupent des vieux,
à tous ceux qui seront vieux un jour…

À ma princesse de 95 printemps !

AU COMMENCEMENT…

L'embrouille

Tout a commencé en Suisse, un samedi, le jour de Marie. Un prêtre de la communauté du Verbe de Vie m'avait invitée à témoigner à l'occasion du grand rassemblement de la jeunesse catholique qui avait lieu à Fribourg. Une fois par an, plusieurs centaines de cathos en culottes courtes affluaient à travers tout le pays pour rejoindre la catholique party. Telle la manne tombée du ciel, ils se destinaient à nourrir une Église « âme-némique » en perte de foi et de vocations. Les petiots se présentaient en héros des temps modernes, c'est-à-dire des temps sans Dieu. Des temps où « la créature » ne vise qu'à zigouiller son Créateur.

« Il faut évangéliser les jeunes, ils sont l'avenir de l'Église ! », ne cessait de me répéter au téléphone le religieux. « Les jeunes, les jeunes, les jeunes ! », martelait-il, espérant me motiver. Car « motivée », point je ne l'étais… C'était l'hiver, il faisait froid, j'étais au chaud dans ma tanière en Normandie, bla, bla, bla… Franchement, je faisais déjà assez de témoignages en France sans m'en coller un nouveau en Suisse ! En outre, je venais d'achever l'écriture de cet essai prophétique, *Aux âmes citoyens !* (à moins que ce ne soit lui qui m'ait achevée ?). J'avais droit à un repos plus que mérité – on ne sort pas indemne d'un tel livre. Pour la première fois de ma vie, je m'étais autorisée à lâcher le pied, la main, la plume, bref, à me la couler douce ! Et l'autre cureton qui me chauffait les neurones avec « ses jeunes » !

« Holà, mon brave, calmez-vous… En plus, ma niche roulante [mon auto] est trop vieille, elle rendra l'âme avant d'arriver !

— Qu'à cela ne tienne, me répondit l'impertinent, nous allons vous en louer une… » Était-ce mon penchant pour le chocolat ou bien ses arguments qui sonnaient juste – à moins que ce ne soit l'indicible force de mon appel qui me pousse à aller toujours plus loin ? –, le fait est que j'ai capitulé. C'est ainsi que je me suis retrouvée embrigadée à Fribourg au milieu de cinq cents petits Suisses prêts à dévorer le peu d'énergie qu'il me restait. J'ai pris la route en fin de journée : on ne sait jamais, un imprévu béni pouvait me tirer de ce bourbier et légitimer un désistement de dernière minute ? Que nenni, je suis arrivée tard dans la nuit. Le QG du Verbe de Vie se trouvait perché en haut d'une colline sur les hauteurs de Fribourg – « Freiburg » pour les gars du coin. Comme par hasard, il avait neigé ! Le chemin escarpé qui conduisait aux bâtiments était recouvert d'une épaisse et cristalline neige. Pour l'occasion, Dame Nature s'était mise sur son trente et un : elle avait revêtu son manteau de vison étincelant de poudreuse. Les flocons d'un blanc pur scintillaient telles des pierres précieuses. Fermée à triple tour, l'immense bâtisse ronflait du sommeil du juste tout comme ses occupants. M. le curé m'avait donné un code pour rentrer. Évidemment, celui-ci était erroné !

« C'est pas le bon code ! lança, blanc comme un cierge, le caméraman qui m'accompagnait après l'avoir composé.

— T'inquiète, j'ai le phone du curé, je vais l'appeler… » répliquais-je, faussement rassurante.

Au fond de moi, je sentais l'embrouille. Celle-ci ne tarda pas : pas de réseau ! Nous avions changé de pays et donc d'opérateur. Orange, SFR, « pouët, pouët », ils avaient tous disparu. Au bout de la ligne, une voix féminine avec un fort accent invitait à faire toutes sortes de manip' auxquelles je ne comprenais rien – les machines et moi, ça fait trois ! Au bout de quelques secondes, mon binôme « *smart* » (mon phone) s'éteint : plus de batterie ! Qu'à cela ne tienne, je sollicite celui de mon chaperon.

« Moi, ça fait depuis qu'on a quitté la France que mon tél est HS… », soupira-t-il en éternuant. Un fou rire nerveux s'empara de mon être au bord de craquer : « Bienvenue chez les ch'tis Suisses ! »

— OK, on a qu'à frapper à la porte, quelqu'un va bien finir par nous ouvrir… » balançais-je en me tapant une barre.

Mon coéquipier resta de glace. Était-ce dû à la température – il faisait -10 °C – ou bien à la panique qui le gagnait ?

« Dans ce genre de bicoque, il y a bien des fantômes qui traînent la nuit, non ? », dis-je, amusée.

« Qui sait, on peut tomber sur un ectoplasme catho qui a bon cœur et qui pourrait nous aider ?! », continuais-je hilare.

Mon acolyte ouvrit de grands yeux ronds. Pas la peine de lire dans les pensées pour savoir ce qui lui traversa l'esprit : *« Cette femme est folle ! Dans quoi me suis-je embarqué ? »*

« Toc, toc, toc, y'a quelqu'un ? », repris-je, en frappant sur la porte, angoissée mais sans rien laisser paraître.

Pas de réponse. Mes coups se firent plus insistants, sans succès. La maisonnée tout entière fricotait avec Morphée.

Pas le moindre pas, ni même le moindre craquement de parquet en guise de réponse. Je levais les yeux en espérant voir une pièce s'éclairer, que dalle. Le corps de bâtiment m'apparut tout à coup comme une prison. Nous n'étions plus en Suisse mais à Cayenne en train de nous les cailler. Enfermés dehors…

« Qu'est-ce qu'on fait ? », marmonna mon collègue en claquant des dents. « On ne va quand même pas dormir dans la voiture… Si ? », poursuivit-il alors qu'il se transformait en bonhomme de neige et que moi, je bouillonnais intérieurement :

« Je sentais bien que ça allait être un plan foireux ! D'abord la voiture de location en fin de vie qui cafouillait depuis le début du trajet – une agonisante sur roulette qui ne tenait qu'à un fuel. Ensuite, les deux flashes pris en pleine poire pour excès de vitesse – ce n'était tout de même pas de ma faute si les panneaux de limitations étaient illisibles ! Pour finir, nous avions l'estomac vide et pour couronner le tout, la porte était closed ! *"Les joies de l'évangélisation…"* »

Pour un peu, ma vie d'avant – avant de craquer sur « un certain Nazaréen » – allait me manquer. Ma vie, ou plutôt ce simili de mascarade de vie, d'artiste night clubbeuse et déjantée fuyant la réalité et ses peurs d'enfant à travers le bruit et l'addiction ? Pour revenir à notre affaire, avec Jésus, c'est toujours *rock'n'roll* : rien ne se passe comme prévu ! Et dire que beaucoup de gens pensent que croire en Dieu, c'est se prédestiner à un enterrement de première classe ! Les gars, laissez-moi vous dire, si vous vous ennuyez dans votre *life*, poussez la porte d'une église, rien ne sera jamais plus comme avant ! Le Seigneur vous y attend et croyez-moi, vous ne serez pas déçus…

Un atchoum en stéréo que laissa échapper mon collègue me remit les idées en place : il est cinq heures du mat, il neige, la nuit est glaciale. Tout le monde dort alors que mon pauvre acolyte et moi entamons la congélation. Aux grands maux, les grands remèdes : je saute dans ma voiture et mets le contact. Le caméraman frise l'arrêt sur image. Il me regarde, médusé. J'ouvre grand les vitres et me mets à klaxonner et à crier – l'auto n'était pas la seule à avoir du coffre… Il ne m'a fallu que quelques secondes pour réveiller toute la maisonnée. Dans une improbable rythmique, les pièces s'éclairent les unes après les autres laissant apparaître aux fenêtres des silhouettes aux visages endormis.

Et c'est ainsi que Saracco fit son entrée au Verbe de Vie…

Le divin déclic

Après seulement trois heures de sommeil, nous voilà sur pieds ! La tête enfarinée mais le cœur vaillant, nous étions dans les *starting-blocks*. Mon intervention qui devait se dérouler dans un amphithéâtre – il fallait bien ça pour accueillir tous « les nains » – était prévue pour 20 h 30. C'est là que les « castors juniors cathos » allaient me tomber dessus. Avant l'heure fatidique, un agenda de ministre m'attendait. Le *planning* avait été minutieusement calculé. Les Suisses, comme les Allemands, disposent d'un sens réel de la discipline – contrairement aux Français et surtout, contrairement à moi. J'avais le sentiment d'être une femme politique en période électorale. Les rencontres, les rendez-vous et les dédicaces se succédaient dans une parfaite synchronisation. Tout était réglé comme une horloge – on est suisse ou on ne l'est pas. Chaque minute, chaque seconde étaient comptées. Au milieu de cette implacable mécanique, j'avais réussi à bloquer une heure. Mon heure ou plutôt, « la sienne ». Celle où le Sauveur nous invite à le recevoir à Son banquet céleste dans la Sainte Eucharistie – vous savez le truc blanc et rond qu'on appelle la communion ? C'est ainsi qu'en ce samedi soir, je fis la tournée de tous les clochers de Fribourg à la recherche d'une messe dominicale anticipée. La charmante et si dévouée dame qui avait la lourde – et ingrate ! – charge de veiller sur nous durant le week-end avait dégoté la seule messe de toute la bourgade. Elle avait lieu dans une chapelle, mais pas n'importe laquelle…

Pour une fois, je n'étais pas en retard. Sans doute grâce à notre divine chaperonne qui avait déjà repéré le drôle de lascar que j'étais :

« Avec les artistes, ces électrons libres, mieux vaut anticiper… En plus, elle est marseillaise, nom d'un p'tit chocolat ! »

Merci Mme la Suisse d'avoir si bien veillé au grain… sans vous, rien ne serait arrivé. Par « chance », nous trouvâmes une place pour nous garer tout près de la chapelle. Même si ce n'était pas Paris, cela tenait du miracle. Mon compère qui avait fini par décongeler – il était passé du statut de bonhomme de neige à celui d'homme frigorifié – et moi suivions intrigués Mme la Suisse. Elle nous fit descendre une allée qui nous conduisit jusqu'à une ruelle parsemée de créatures plantureuses aux sourires forcés.

« Nous sommes bientôt arrivés… », dit-elle en se retournant.

« La chapelle se trouve à deux pas du quartier "des filles de joie" », nous précisa-t-elle rougissante.

Mais la véritable joie se trouvait ailleurs, là où nous nous rendions. Au bout de quelques mètres, Mme la Suisse s'arrêta et sonna à une porte d'immeuble. Elle se retourna vers nous une nouvelle fois, l'air coquin :

« Nous y sommes… », dit-elle des étoiles dans les yeux.

Une vieille dame nous ouvrit et nous invita à pénétrer discrètement à l'intérieur. Le silence et la sobriété étaient de rigueur. Ce lieu devait rester caché. Sur le moment, j'eus le sentiment d'être projetée à l'époque de la prohibition, le temps où les clandestins risquaient leur peau pour un verre d'alcool. Eliot Ness et sa garde musclée pouvaient surgir à tout instant. Une pensée me traversa le cœur : un jour peut-être, les chrétiens du monde entier risqueront leur vie pour communier… Qui sait ? Ce jour-là, ce sera la fin… Telle la reine d'Angleterre, Mme la Suisse salua sur son passage toute une galerie de personnages. Leur seul point commun était qu'ils étaient vieux, très vieux même. Au bout d'un interminable couloir, une grosse porte. Le genre de porte qui laisse présager d'un changement radical pour celui qui ose s'aventurer à la pousser. Nous la poussâmes et pénétrâmes dans une chapelle, celle-là même où se déroulait la messe anticipée du dimanche. La nef, pratiquement vide, était lumineuse et accueillante. Seuls quelques vieux s'y trouvaient. Ils ne tardèrent pas à être rejoints par d'autres, puis d'autres encore, puis encore d'autres.

« Tiens, c'est curieux », me dis-je, « il n'y a que des vieux ! »

Et pour cause : la messe se déroulait dans une maison de retraite. Un EHPAD comme on dit de nos jours. Un mouroir pour dire simplement les choses. Les vieux étaient trop mignons, ils avaient sorti leurs beaux habits du dimanche : « Sacrebleu, c'est qu'on rencontre du beau monde à la grand-messe ! À commencer par Jésus. Faut tout de même être propre sur soi… »

Bien dit, messieurs-dames, mais votre âme, la seule chose qui est immortelle chez vous, elle a fait sa toilette depuis combien de temps, hein ? Vous savez le truc qui s'appelle la confession pour recevoir l'absolution de ses péchés… « Le sacrement de réconciliation » comme on dit maintenant, c'était quand la dernière fois ?

« Hein, quoi, ça existe toujours ce machin-là ?! Nom d'un p'tit bonhomme, la dernière fois, c'était pour ma première communion ! »... « Et moi, pour mon mariage ! »... « Et moi, pour l'enterrement de ma femme... »... « Moi, j'ai demandé à me confesser quand j'ai cru que j'étais condamné mais comme après ça allait... »

« Natalie, chuchota Mme la Suisse afin de me tirer de mes pensées. On m'a rapporté que vous priez un long moment après la messe... »

« Heureusement, madame la Suisse, pensais-je, *on ne peut pas recevoir le précieux Corps et Sang du Christ et partir en sifflotant les mains dans les poches comme si on venait de faire son tiercé ! Ou bien parler de la pluie et du beau temps et de Mme Unetelle qui a un sale caractère en tournant les fesses au tabernacle : "Non mais, vous avez remarqué le ton qu'elle prend quand elle s'adresse à son mari ? C'est une honte ! Ah ça, c'est vrai, ça." »*

Eh bien ? rétorquais-je sur le point de m'offusquer, quoi de plus naturel que de rendre grâce à Dieu lorsque l'on vient de communier ?

— C'est-à-dire que..., continua-t-elle avec un flegme britannique, vous devez témoigner juste après la messe. Je vous rappelle que votre conférence est à 20 h 30. »

Hein, de quoi ? Ah, oui, les mioches, je les avais oubliés ceux-là ! De toutes les façons, ce que je dirai glissera sur eux comme le beurre sur une tranche de pain. Ce n'était pas la peine d'en faire une tartine. Ils oublieront mes paroles avec la même rapidité qu'ils les auront accueillies : « Aussitôt reçues, aussitôt disparues ! » Je n'étais pas habituée à témoigner devant des gosses et ne savais pas trop comment m'y prendre. J'ai un rapport particulier avec les enfants. Je ne leur parle pas comme une adulte qui enseigne et se positionne au-dessus d'eux mais comme l'une d'entre eux.

Un peu comme une grande sœur. Si l'un d'eux me tire la langue, je lui rends la pareille sans hésiter ! Pour en revenir au témoignage, ils étaient trop jeunes pour capter quoi que ce soit. Et puis clairement, s'ils étaient présents, c'est parce que leurs parents les avaient obligés. Ils avaient d'autres chats à fouetter ! *« Jugement téméraire, quand tu nous tiens, tu nous tiens bien »*... Les gamins ont super accroché avec la Parole, ils étaient tous au taquet. Tellement, qu'après mon témoignage, ils sont descendus dans la rue pour suivre la procession du Saint Sacrement. Notre traversée n'est pas passée inaperçue. De voir 500 nains chanter et louer Dieu à pleins poumons, le cœur en effervescence, ça se remarque ! J'en avais les larmes aux yeux. Et moi, comme une couillonne, qui pensais que je les saoulais avec Dieu ! Mon prêche avait porté sur du lourd : confession, communion, adoration.

Quelques heures avant de prendre la parole – ou plutôt que celle-ci ne me prenne –, j'avais échangé avec l'évêque. Celui-ci me dressa un constat des plus alarmants de l'Église de Suisse. En gros, elle devenait protestante. Plus de confession privée, mais seulement commune. La communion, *« bof »*, l'adoration, *« ça sert à quoi ? »*. Notre *road movie* spirituel nous conduisit dans une immense église – je crois bien que c'était une cathédrale, ou peut-être une basilique... Et là, contre toute attente, voilà pas que les petiots faisaient la queue pour se confesser ! Il y avait plusieurs queues sur des dizaines de mètres ! Les prêtres n'en revenaient pas, pas plus que moi, ni même les mômes. En réalité, nous étions tous abasourdis devant la puissance du Saint-Esprit. Ce jour-là, il a drôlement soufflé en Suisse. Une tornade d'absolutions et de bénédictions a emporté les toitures d'un grand nombre de cœurs barricadés. À Dieu, rien n'est impossible. C'est lui, le patron.

Pour revenir à la messe à l'EHPAD, moi habituellement si concentrée, je me suis surprise à plusieurs reprises en train de rêvasser. Je regardais les petits vieux avec empathie. Ils étaient touchants. « Combien d'entre eux avaient accompli de belles choses durant leur vie dans leurs vertes années ? », pensais-je en les découvrant. « Peut-être même y avait-il parmi eux, comme Olga et tant d'autres, des héros, des saints ? Peut-être que certains d'entre eux avaient risqué leur peau pour sauver des juifs pendant la Seconde Guerre mondiale ? Eh quoi, parce qu'ils étaient courbés et empruntés, parce qu'ils avaient des tocs, et que pour certains, leur odeur laissait à désirer, il fallait les mépriser et les traiter comme des benêts ?! »

Placée sur le côté, en haut de la nef, je disposais d'une place stratégique qui me permettait d'avoir un large champ de vision. J'étais une caméra disposant d'un grand-angle de vue, à laquelle rien ne pouvait échapper. Au premier rang se trouvait une poupée Barbie toute flétrie. De toute évidence, il s'agissait d'une ancienne belle – bien que la beauté, la vraie, n'ait pas d'âge… Maquillée jusqu'aux oreilles – je me rappelle son rouge à lèvres vif qui débordait de sa bouche telle la Seine en période de crue –, elle se retournait sans cesse comme pour implorer l'assemblée de la contempler. Une fleur fanée à force de ne plus être regardée… À ses côtés se tenait, raide comme un piquet, un vieux beau – plus vieux que beau. « Qui sait ? », pensais-je, « peut-être un couple en devenir ? Il serait temps vu leur âge… »

Un peu plus loin, j'aperçus un monsieur courbé assis sur un fauteuil roulant. Vêtu d'un costume trop grand, la gouttelette au nez, il tenait tremblotant une feuille de chants. À sa gauche, un chauve aux épaisses lunettes et quadruples foyers, accroché à un déambulateur, ne cessait d'éternuer – faisait-il une allergie à la vieillesse ? Tout au fond de la nef, étaient parqués les malades et les impotents. S'agissait-il de lépreux qu'il fallait dissimuler ? Alignés en rang d'oignon, ils étaient au nombre de quatre. Comme les quatre mousquetaires. Comme les quatre grabataires. Il est vrai que leurs aspects étaient loin d'être ragoûtants. Deux d'entre eux étaient intubés tandis que, clouée sur un « fauteuil de croix », une vieille dame, à laquelle on ne pouvait plus donner d'âge, respirait grâce à un masque à oxygène relié à une grosse bouteille. Comme pour la toiser, la fiole oxygénée se tenait droite à ses côtés. Quant au quatrième pensionnaire, « grabataire mousquetaire », une sangle en cuir – rappée comme lui – le maintenait assis au fond d'une chaise roulante. Le pauvre homme était tout tordu, comme si sa colonne vertébrale était en caoutchouc mou. Une aide-soignante à l'imposante carrure et aux larges et rugueuses mains se tenait derrière eux. On eût dit une maîtresse d'école prête à les punir. En guise de règle métallique, un portable hypnotique qu'elle ne cessait de consulter. On ne sait jamais, elle pourrait rater une des innombrables vidéos dont son smartphone était inondé ! La vieille dame sans âge brûlait de foi. Elle irradiait de cette indicible lumière propre aux croyants. Elle regardait fixement devant elle. Ses yeux bleus d'un azur perçant scrutaient l'horizon guettant l'arrivée du Bien-Aimé : le Christ. Au moment de l'élévation, des larmes perlées s'échappèrent de ses yeux. Étaient-elles dues à sa foi ou bien à sa déclinante vue ? J'optais pour la foi… Malgré les oripeaux de la vieillesse – rides, taches et autres réjouissances –, elle portait la vie sur elle. Une princesse échappée « d'un compte de faits » sur laquelle le temps ne semblait avoir aucune prise.

Un tsunami d'émotions me saisit au moment de la communion. Les larmes aux yeux, je contemplais, ces petits vieux qui se traînaient péniblement pour recevoir leur Seigneur dans la Sainte Eucharistie. Des oisillons hors du nid bravant le danger afin de se nourrir de la becquée céleste ! Combien d'entre eux portaient de lourds fardeaux et d'épineuses croix ? Malgré les décès, les maladies, malgré une vie ponctuée d'incompris, ils étaient là, fidèles au poste. Ils ne lâchaient pas la main du Nazaréen – même si certains d'entre eux étaient *borderline* et fragiles dans leurs convictions… Et les autres résidents, qu'en était-il des autres résidents, des absents ? Révoltés comme la plupart de l'humanité ? Comme « Odette tout le monde » restée cloîtrée dans sa cellule d'amertume ?

« S'il y avait un Dieu, pourquoi toutes ces misères, pourquoi le Mal et la mort ? », ruminait à voix haute « Odette tout le monde » du fond de son lit médicalisé.

Odette faisait partie des absents, des boycotteurs de Dieu :

« Et cette saloperie de décrépitude dans laquelle la fin de vie nous plonge irrémédiablement ? Une promesse de mort lente et à petit feu… Comme feu mon époux emporté d'un cancer à la fleur de l'âge me laissant avec deux jumeaux. Où était Dieu quand ma voisine, à l'aube de ses vingt ans, a été tuée sur le coup, à la sortie d'une discothèque au volant de sa voiture, hein ? Il était où "le grand barbu ?" »

Forte de ses invectives, Odette se saisit d'une télécommande pour allumer la télévision – fallait bien ça pour l'apaiser…

— Sans parler des guerres, des migrants, du chômage, des attentats, de la faim dans le monde ! » lui répondit dans un écho mortuaire le poste de télé.

Tandis que son moral baissait, elle monta le son. Le poste redoubla d'abominables infos :

— Sans oublier la pauvreté, les injustices, la violence, les virus, les trafics d'organes, les enfants prostitués, les animaux torturés, la fonte des glaciers, l'émergence des cœurs de glace, la prolifération des microbes - humains et bactériologiques…

— Les gars, intervint la radio outrée, vous oubliez les tempêtes, les tsunamis, les séismes, la sécheresse, la dégradation de la planète et de tout l'écosystème! Sans omettre la course à l'eau et les cyberattaques!

— Et la guerre des sexes! reprit effrontée la télé.

— *Adam et Ève, no more trêve, rendez-vous à la place de Grève!*, rétorqua la radio qui diffusait le titre d'un rappeur à la mode – un rebelle de salon…

Grâce à l'e-monde, en quelques clics, son titre s'était hissé au *top ten* de la propagande du « mouton-nement » correct, de la fausse liberté de penser: *« Vous êtes libres à condition de vous rallier à notre cause! »* Bienvenue dans la « démon-cratie », pour reprendre une expression de ma *mother*, qui est loin d'avoir perdu la tête.

— Tout va bien, soyez rassurés… titrait un quotidien qu'Odette tenait dans les mains. Les *big data* ont de gros projets pour vous les *big gagas* – les hommes. Après vous avoir pompé votre énergie, votre fric, vos places, après vous avoir remplacés par des machines, pouvait-on lire entre les lignes, et avoir fait de vous des automates sans résistance et sans rêves autres que ceux qu'elles vous "suggèrent", ces vicieuses nourrices vont vous envoyer dans l'espace. Enfin, pas tous… seulement ceux qui ont du blé et qui prêtent allégeance à la pensée unique. Les autres resteront cloués au sol qui se dérobera sous leurs pieds en même temps que feu la Terre, conclut le canard plus déchaîné que jamais – avait-il mangé du lion?

— Chers compatriotes, la paix du monde soit avec vous! intervint l'État dans un communiqué. Grâce à la loi "La fange pour tous" poursuivit-il, la morale, tout comme la famille, s'en est allée. La loi – votée en l'absence des parlementaires – a décrété que l'on ne devait plus parler d'homme, ni de femme mais seulement de “chose”. Ceci dans le but de ne pas heurter ceux qui ne se référaient à aucun sexe mais aussi par égard aux Flottants. “Les Flottants” étaient une communauté d'hommes et de femmes qui prônaient la liberté des espèces. Libérés du fardeau de leur propre humanité, ils butinaient d'une espèce à l'autre, *switchant*, selon leurs humeurs, leur nature pour d'autres. Ainsi, ils s'autoproclamaient tantôt papillons, tantôt arbres ou bien astres. Tous se revendiquaient comme le fruit de l'univers ne faisant qu'un avec lui.

— « La chose », reprit solennellement le porte-parole du gouvernement, peut enfin respirer ! Désormais, seul le vénal est référencé.

— Aux larmes citoyens ! *Exit* Dieu, la famille, l'espérance, la vie, bichait le Démon en se frottant les cornes sans que personne l'entende ou le voie – le bestiau puisait sa force dans l'incrédulité : moins on se méfiait de lui, plus il pouvait sévir. Quelle joie, quelle réjouissance, quel progrès dans la descente ! Juste vertigineux… », savourait Satan.

Barbouillée par ce trop-plein de désinformations toxiques, « Odette tout le monde » ferma les yeux. Ce qu'elle ignorait, c'est qu'elle n'allait plus jamais les rouvrir…

Ce soir-là, en pleine messe mouroir, j'eus la certitude qu'il n'y avait pas que *« les jeunes qui existaient »*, comme ne cessait de claironner le curé qui m'avait invitée. Les vieux aussi comptaient. Pour quelle raison personne ne s'intéressait à eux ? Eux aussi avaient besoin d'être écoutés et remontés ! Eux aussi avaient besoin d'entendre la Parole ! Même si leur vie était largement consommée, elle était loin d'être achevée. La rencontre avec Dieu, la conversion à Son amour, se joue jusqu'à la fin. Jusqu'au dernier soupir… La Bible ne dit-elle pas que l'état dans lequel nous rendons l'âme est décisif pour notre éternité ? Il fait pencher la balance de façon irrémédiable. Espérons que ce soit du bon côté…

> « Le méchant, s'il se détourne de tous les péchés qu'il a commis, s'il observe tous mes décrets, s'il pratique le droit et la justice, c'est certain, il vivra, il ne mourra pas. On ne se souviendra d'aucun des crimes qu'il a commis, il vivra à cause de la justice qu'il a pratiquée. Prendrais-je donc plaisir à la mort du méchant – oracle du Seigneur Dieu –, et non pas plutôt à ce qu'il se détourne de sa conduite et qu'il vive ? Mais le juste, s'il se détourne de sa justice et fait le mal en imitant toutes les abominations du méchant, il le ferait et il vivrait ? Toute la justice qu'il avait pratiquée, on ne s'en souviendra plus : à cause de son infidélité et de son péché, il mourra ! Et pourtant vous dites : “La conduite du Seigneur n'est pas la bonne.” Écoutez donc, fils d'Israël : est-ce ma conduite qui n'est pas la bonne ? N'est-ce pas plutôt la vôtre ? Si le juste se détourne de sa justice, commet le mal, et meurt dans cet état, c'est à cause de son mal qu'il mourra. Si le méchant se détourne de sa méchanceté pour pratiquer le droit et la justice, il sauvera sa vie. Il a ouvert les yeux et s'est détourné de ses crimes. C'est certain, il vivra, il ne mourra pas. Et pourtant la maison d'Israël répète : “La conduite du Seigneur est étrange”. Est-ce ma conduite qui est étrange, maison d'Israël ? N'est-ce pas votre conduite qui est étrange ? C'est pourquoi – oracle du Seigneur Dieu – je vous jugerai chacun selon sa conduite, maison d'Israël. Retournez-vous ! Détournez-vous de vos crimes, et vous ne trébucherez plus

dans la faute. Rejetez tous les crimes que vous avez commis, faites-vous un cœur nouveau et un esprit nouveau. Pourquoi vouloir mourir, maison d'Israël ? Je ne prends plaisir à la mort de personne, – oracle du Seigneur Dieu : convertissez-vous, et vous vivrez » (Ez 18,21-32).

I

VIEUX, ET ALORS ?!

Il était une fois Pierre, Raymond, Suzette, la « Sans-Nom », Marcelline, Gabin, Pauline, Miss Daisy, des vieux rencontrés au hasard de la vie. À moins que ce ne soit dans mon imaginaire d'artiste ? Peut-être est-ce un mélange des deux… ? En tout cas, tous existent dans mon cœur.

Alors, fiction ou réalité ?

À vous, chers amis, de deviner…

Natalie

Pierre

« Vingt Dieux ! » s'exclama Pierre en poussant la porte d'une église.

En ce 2 novembre, jour de la commémoration des défunts, Pierre, quatre-vingt-seize ans, communiste et anticlérical devant le Père éternel, n'eut d'autre choix que de courber l'échine. Son épouse, le grand amour de sa vie, avait passé l'arme à gauche – « à gauche »… Pour une fois, il aurait préféré que la droite l'emporte. Pas question pour lui de l'abandonner dans son dernier voyage. Cela faisait depuis l'armistice qu'il n'avait pas mis les pieds dans une église. Le 7 mai 1945, Pierre, pupille de la nation, épousa devant l'Éternel sa déesse, sa moitié, son tout, Mlle Irène Dupont, prunelle de ses yeux, délice de son cœur.

Sa relation avec le Bon Dieu avait pourtant bien commencé. Dans sa petite enfance, il avait même été enfant de chœur. Puis le petit bonhomme grandit, et les habits de l'institution commencèrent à lui peser. Plus le temps passait, plus petit Pierre étouffait. Le jour de sa rupture avec Dieu arriva de façon abrupte. À chaque office, l'enfant de chœur se retrouvait aux premières loges.

Juste à côté de l'autel, à la droite de M'sieur le curé… Affalé dans un fauteuil Louis XVI recouvert de velours rouge, l'orphelin, le sans-le-sou, contemplait les ouailles tel un monarque. Pour une fois, il n'était pas à la traîne… Du haut de ses huit ans trois quarts, il se prenait à rêver qu'il était fils de roi – ce qu'il était réellement en tant que baptisé, mais cela, petit Pierre l'ignorait. Dans le royaume des rêves, sur son fidèle destrier, il traversait le pays des songes au triple galop. Ses parents, le roi et la reine qui le chérissaient tant, le comblaient d'amour, de jouets et de chocolat. Un jour, la malveillante ombre de la réalité le fit trébucher. Le petit prince dut céder sa place à un autre enfant et se retrouva de l'autre côté de la « scène », au milieu de l'assemblée de paroissiens. C'est que M'sieur le curé veillait à ne pas faire de jaloux parmi les gamins du caté ! Il savait que les enfants avaient un sens inné de l'iniquité, aussi s'évertuait-il à être un exemple de vertu. Le bon abbé au grand cœur prenait soin de tous ses petits.

Ce jour-là, le servant « élu » était un gars du village voisin. Robert qu'il s'appelait. Une vraie teigne ! Petit Pierre en savait quelque chose. Il faisait partie de ses têtes de Turc récurrentes. Combien de fois, il l'avait dépouillé de son maigre goûter – quand cela lui arrivait d'en avoir un. C'est que le gaillard faisait deux têtes de plus que lui ! Dans son royaume imaginaire, bientôt petit Pierre le dépasserait. Il grandirait aussi vite que le « Haricot magique » et toucherait les étoiles. En ce dimanche ensoleillé, le prince déchu se fit surprendre par une foudroyante averse de larmes. Arrivé de bonne heure, bien peigné, la raie sur le côté, les sandales décrottées, il s'installa dans la nef à la première rangée devant l'autel. Le bon vieil abbé avait pris soin de le prévenir assez tôt pour lui éviter toute potentielle honte devant ses camarades. Le petit bonhomme aimait son Seigneur et ne voulait pas perdre une miette de la messe. Dieu représentait le père qu'il n'avait jamais connu, la protection absolue. Celle qui lui avait cruellement manqué. Depuis le décès de sa mère emportée par la grippe espagnole, il faisait la tournée des orphelinats et devint bien vite un joujou livré aux sales pattes des adultes.

Le pire d'entre eux fut Fernand, le boulanger, qu'il eut la malchance de croiser. Fernand aimait les bonbons, les gâteries et les enfants. Surtout très jeunes : *« Ils oublient vite et n'osent point parler… »* C'est l'abbé Marcel, celui-là même qui célébrait la messe, qui avait flairé le pot aux roses. La puanteur de l'abomination était remontée jusqu'à son cœur pur. Fernand avait des attitudes et des regards qui ne trompaient pas. Comme l'avait noté l'abbé, « le péché aimait se dissimuler dans le tissu d'une apparente vie de sainteté. Au chaud, recouvert de plusieurs couches d'apparences, plus trompeuses les unes que les autres, il se développait à la vitesse grand « v ». « V » comme vermine ». Décoré de la légion d'honneur pour un acte de bravoure qu'il n'avait pas commis, bon père de famille et généreux donateur, Fernand « la bonne pâte » abritait un cœur de monstre. Lorsqu'il le surprit dans la sacristie en compagnie de petit Pierre en train de faire des cochonneries, l'abbé faillit à l'un des commandements d'amour. Faute de « tendre l'autre joue », il lui décrocha une droite qui allait mettre le boulanger dans un sale pétrin pour le restant de sa vie. C'est qu'avant d'être prêtre, l'abbé, *alias* « Terminator », était star du ring. C'est ainsi que Fernand termina les dix dernières années de son existence, borgne, aux clous et au cachot. *« Une triple peine bien méritée ! »* d'après les dires de l'abbé… Quant à petit Pierre, il semblait avoir tout oublié. Était-ce dû à son jeune âge ou bien à une volonté de se dérober à la réalité ? Oublier pour survivre ?

La messe allait bientôt commencer. Gesticulant sur sa chaise, petit Pierre, au premier rang, guettait l'arrivée de l'abbé quand soudain un notable l'interpella:

« Allons petit vaurien, ne sais-tu donc point lire? »

En effet, petit Pierre ne savait pas bien lire. Il avait été élevé par madame la vie, avec dame rue comme professeur... En guise de réponse, petit Pierre se contenta d'éternuer. La gêne et l'angoisse provoquaient chez l'enfant des crises d'éternuements.

« Eh bien moi, je vais t'apprendre! » menaça "le bourgeois gentil gnome" en l'attrapant par l'oreille pour l'obliger à se lever.

L'homme salivait de supériorité. Sur le dossier des chaises l'on pouvait lire son nom écrit au vernis de la suffisance: Me Durier.

« À chacun son rang! » s'exclama-t-il en prenant les notables à témoin.

À lui, à son épouse à la « longue péninsule Cyranosienne » et à leur demi-douzaine d'enfants, revenait la première place. À cet effronté aux genoux – et au cœur – écorchés, la dernière. Ce jour-là, petit Prince, petit Pierre, petit gueux, imprima l'orthographe de la honte et de la haine des êtres fortunés.

« Vingt dieux! » pesta petit Pierre du haut de ses quatre-vingt-seize ans en pénétrant dans la nef. L'Église, cette institution corrompue aux mains des riches, ferait bien de disparaître! Comme l'exprimait si bien son mentor Marx: « La religion, c'est l'opium du peuple! »

« Si c'était moi le Président, j'appuierais sans vergogne sur le bouton rouge de la bombe atomique! Faut bien dire qu'y a pas que l'Église de pourrite: la Terre tout entière est une poubelle! »

Pierre avait la gueule de bois du cœur. Il avait ingurgité trop d'épreuves. Il traînait son ras-le-bol de sa vie telle une mauvaise cuite dont il n'arrivait pas à se défaire. Sans la présence d'Irène à ses côtés, la note de la vieillesse devenait salée :

« *À quoi je sers, moi qui ne suis devenu qu'un poids ? À quoi bon continuer ? Dame Faucheuse, viens donc me visiter…* »

Raymond

« Soixante années de bons et loyaux services au service de Sa Majesté » – son épouse – « pour finir ainsi : abandonné ! » grommelait « en pensée, par action et par omission » Raymond, à l'aube de ses quatre-vingt-cinq ans, lorsque l'infirmière, en retard sur sa tournée – il restait encore à la malheureuse une trentaine de patients – effleura son orifice avec un suppositoire qui tenait davantage d'un obus que d'un laxatif.

La Dernière Halte était pourtant réputée pour son civisme et son professionnalisme. L'EHPAD jouissait d'une bonne réputation, mais comment rester courtois et professionnel lorsque vous êtes surchargé de patients et en manque d'effectif ?! En ce lundi de Pentecôte, l'humiliation descendit un peu plus sur les résidents. S'il fallait chercher des coupables, ce n'était certainement pas du côté des soignants, mais de celui du gouvernement. Celui-ci préférait l'argent à l'homme. Une fois sa cible atteinte, la soignante abandonna Raymond à ses élocutions et à son transit. Une flopée de patients encore plus mal en point que lui l'attendait au tournant des vies. Plus précisément au tournant de leur chambre, car à *La Dernière Halte*, le couvre-feu était de rigueur au coucher du soleil, soit à 19 heures, l'heure de l'Angélus.

Le pauvre Raymond ne savait plus à quel saint se vouer ! Il se sentait seul et délaissé. Pourtant, il lui avait donné sa vie à son épouse ! Celle-ci, comme bien d'autres, semblait l'avoir abandonné. Demain, pour la fête de l'Annonciation, ils célébreraient leurs soixante ans de vie commune. Commune mais peu banale. Non sans émotion, il se rappela la première fois qu'elle lui avait fait les yeux doux. C'était à sa première communion, pour la fête de l'Immaculée-Conception. Cela n'avait rien d'anodin connaissant son cheminement.

Lorsqu'il était enfant, Raymond s'amusait avec son frère jumeau à célébrer la sainte messe. Les deux petits gars se déguisaient en curé et récitaient des prières en latin auxquelles ils ne comprenaient rien. Leurs parents avaient beau leur offrir des panoplies de *cow-boys* et de superhéros, rien n'y faisait. Les deux frères préféraient la soutane à Zorro ! Armés de chapelets, ils évangélisaient leurs pauvres vieux les traitant d'apostats ! Les petits gars étaient outrés par le laxisme dont ils faisaient preuve. Comment leur père pouvait-il préférer la télé au chapelet, les matches de foot au rosaire ?! Quant à leur mère, les seules litanies qu'elle récitait étaient des reproches à son mari ! Yvonne, leur petite-sœur, n'était pas en reste. La malheureuse ne pensait qu'à jouer à la poupée ! Non, vraiment, ils n'avaient pas eu de bol de tomber dans une telle famille de mécréants. C'est que les cathos en culottes courtes prenaient l'affaire très au sérieux ! Ils redoublaient de fausses messes espérant qu'un jour leur famille puisse être « touchée par la grâce ». Les cérémonies se déroulaient dans un pur rituel digne des grandes célébrations de la tradition. Agenouillés devant un autel de fortune, ils célébraient face à une assemblée de peluches. Inséparables, Bambi et Panpan étaient au premier rang. Mickey, dissipé comme à l'accoutumée, se tenait au fond du salon. Nounours, qui avait une nouvelle fois forcé sur le miel, dormait profondément.

Un soir de Noël, alors que les deux frères improvisaient une messe solennelle sous les yeux abasourdis de leurs parents, ils mirent le feu à la crèche ! Dans un élan d'amour, ils avaient déposé l'encens aux pieds de l'enfant Jésus au milieu de la paille. Celle-ci ne tarda pas à s'enflammer, emportant avec elle la sainte famille – les santons, pas leurs parents ! À partir de ce moment-là, ils furent interdits de célébrations. Ce jour-là, ils se dirent que leurs géniteurs étaient possédés et qu'un exorcisme s'imposait. Quelques années plus tard, Raymond décida de prendre pour épouse celle qu'il avait toujours aimée. C'est ainsi que, le seize mars mille neuf cent soixante-deux, M. Raymond Basso prit pour épouse l'Église et se fit ordonner prêtre.

Si Dieu le veut, demain, ils fêteraient leurs noces d'or. Pourtant la tristesse s'était invitée au banquet, car sa bien-aimée l'avait délaissé. En effet, l'Église ne faisait plus trop cas de lui. Comment en étaient-ils arrivés là ? Ils étaient si proches ! Que ce soit ces quinze années passées au Congo au début de son ministère en tant que missionnaire, ou bien celles sur le porte-avions *Charles-de-Gaulle* comme aumônier militaire, sans parler de ces dizaines de petites paroisses dont il s'était occupé ces dernières années tant qu'il était encore robuste, il n'avait jamais cessé de lui être fidèle. Il n'avait pas eu un moment de répit et pour cause : il n'y avait plus de prêtres pour officier ; la relève battait de l'aile. La crise des vocations prenait tellement d'ampleur que les paroisses de quartier, sans parler des églises de campagne, fermaient les unes après les autres. Il n'y avait plus de pasteurs pour célébrer, juste quelques paroissiens pour râler. Ils étaient les premiers à se plaindre quand des chapelles étaient détruites ou bien transformées en discothèques, alors que des mosquées florissaient un peu partout. Mais combien d'entre eux étaient assidus à la messe? Ce rendez-vous amoureux auquel le Christ nous convie à chaque Eucharistie?

« Eh quoi, si les églises se vidaient, c'était notre fait à tous! s'indignait l'abbé. Le Christ était venu allumer un feu sur la terre! Ce n'était pas avec des cœurs tièdes aux méchettes mourantes que les fidèles allaient le propager! Cette saleté de Mai-68 et son cortège de faux bonheurs à la carte avaient cependant contribué aux baptisés de se révéler. En bien, comme en mal… On ne pouvait pas en même temps s'asseoir à la table du monde, bouffer du curé, mépriser les saints sacrements, perdre le respect de la vie et se proclamer chrétien. La parole de Dieu était inscrite dans le roc non dans le toc modulable et inconstant des modes et des courants de pensées. »

« Que ta volonté soit faite Seigneur et non la mienne… Aimer Dieu pour Ses beaux yeux, lui être fidèle et faire du mieux que l'on peut pour le rendre heureux, lui, le Bien-Aimé, le Seigneur! » ne cessait-il de répéter à ses ouailles.

C'est ce que le brave abbé s'était appliqué à faire durant toute sa vie.

Aussi quelle ingratitude de la part de son épouse! Après l'avoir pressé comme un citron, fait déménager à maintes reprises sans jamais lui permettre de s'attacher à d'autres personnes qu'elle et l'avoir maintenu dans une douloureuse solitude, voilà qu'à la toute fin de sa vie, elle le jetait tel un mal propre aux oubliettes du diocèse!

Bien que remonté, l'abbé faisait la distinction entre l'Église, précieux Corps et Sang du Christ et l'institution: la curie.

« La curée », comme il s'amusait à le dire. Certains prélats et autres hauts dignitaires ressemblaient davantage à des politiciens assoiffés de pouvoir plutôt qu'à d'humbles pasteurs au service du peuple. « Les bergers doivent porter l'odeur de leurs brebis » avait dit le Pape François. Ils en étaient bien loin… Combien de fois son père évêque était venu le visiter? S'il devait compter sur les doigts d'une main, son calcul se limiterait à l'index.

Comme le constatait tristement le prêtre :

« La fraternité de la grande famille de Dieu laissait à désirer… »

En cette veille d'anniversaire de son mariage avec l'Église, l'abbé Raymond broyait du noir.

« À quoi je sers, moi qui ne suis devenu qu'un poids? À quoi bon continuer? Dame Faucheuse, viens donc me visiter… »

Suzette, dite « Suzy »

« Trente ans de moins ! s'exclama le Pr Attant en retirant la bandelette du visage de sa patiente.

— Moi, je dirais même plus ! Voyons... quarante, voire quarante-cinq..., surenchérit Gina son assistante et maîtresse.

Suzy déglutit, émue, un léger filet de bave à la commissure des lèvres.

— Le sosie de Bardot dans *Et Dieu créa l'infâme !* rajouta l'assistante. Euh..., dit-elle en se ravisant, la femme, je veux dire.

Habitué aux bourdes de sa gourde de Gina, Charles se contenta de hausser les épaules en levant les yeux au ciel.

— Bardot ? Bien, bien. répondit Suzy mais ma préférée, c'est Michèle...

— Morgan ? demanda Charles.

— Trop froide et trop classique ! rétorqua sèchement Suzy. Je faisais allusion à une autre Michèle, une chaude et pulpeuse tout comme moi... L'*Indomptable Angélique* !, lâcha-t-elle le regard coquin.

— Moi, je sais! intervint guillerette l'auxiliaire. C'est Michèle Mercier!

— Bravo! » se réjouit Suzy en affichant un sourire ultra *brite* composé de différents implants dernier cri.

L'un d'eux arborait un diamant comme la chanteuse Madonna, dont Suzy était fan. Elle connaissait sur le bout des doigts, ou plutôt sur le bout de ses vieilles cordes vocales à bout de souffle, son répertoire. Combien de fois avait-elle interprété *Like a virgin* au *Troisième Type*, le karaoké de rencontres pour troisième âge féru de chair fraîche dont elle était une habituée. L'établissement était réputé pour sa brochette de beaux et jeunes mâles à court d'amour et surtout, à court de billets de banque. « Les princesses sur le retour » – les vieilles dames fortunées – réservaient leur table des mois à l'avance, tellement l'enseigne était prisée! Il arrivait parfois qu'entre-temps certaines d'entre elles décèdent avant même de pénétrer dans le lieu saint. Qu'importe, la famille revendait le jour même les emplacements au marché noir. L'arrière-petit-fils d'une de ces richissimes cougars avait eu la géniale idée de créer une association à but très lucratif: arrondir les fins d'héritages des enfants grâce à la revente des places qui coûtaient des blindes. La guinguette du trompe-l'œil jouait à guichets fermés.

C'est au *Troisième Type* que Suzy avait fait la connaissance d'Antonio, ce mâle calabrais qui lui fit tourner la tête et le porte-monnaie. Depuis que son industriel de mari l'avait plaquée pour convoler en (in)justes noces avec sa secrétaire de 50 ans sa cadette, Suzy s'était juré de prendre sa revanche sur la vie! Avoir une liaison avec une jeune personne n'était pas le propre des hommes. Tout comme donner libre cours à sa *libido*! Il n'y avait pas d'âge pour aimer! C'est d'ailleurs pour cela que Suzy s'était fait refaire son vagin. Les bienfaits de la technologie! Le *nec le plus ultra* que s'arrachaient les vieilles poupées provenait de la Silicon Valley. Un illustre maître des GAFA avait eu la brillante idée de s'associer avec un ponte de la médecine sans morale et sans éthique – et surtout accro aux *bitcoins* –, pour créer le premier vagin siliconé en trois D : « Devant, Derrière, Direct sur les côtés ». Dotée de capteurs sexuels ultra sensoriels, la pièce réagissait au moindre attouchement, provoquant d'intenses extases simultanées. L'organe disposait d'une sorte de cerveau autonome contrôlé par « X-TASE », un algorithme qui n'avait pas froid aux yeux, ni ailleurs. Grâce aux relations du professeur Charles Attant, Suzy fut une des pionnières en France à pouvoir jouir du petit bijou « transhumanisé ».

Le premier à pénétrer dans son écrin plastifié ne fut autre que le bel Antonio gominé. Il n'en fallait guère à l'étalon italien pour le faire grimper ! Les Latins ont le sang « *show* »… Mais la « *romanza* » faillit bien vite tourner « *alla criminale* ». Tonio était un descendant direct des Rapetout – « Rape-Tutti » en italien. La famille, dont le port d'attache se situait à Palerme, était formée aux crimes et aux arnaques en tout genre. Gore de préférence… L'intriguant était le huitième d'une portée de quinze enfants. Certains étaient morts à la naissance, d'autres de suffisance, d'autres encore en se faisant zigouiller. Il fallait contrôler les cartels et briller coûte que coûte. Quant à Suzy, elle faisait des hommes son quartier et son quart d'heure, pour ne pas dire son goûter. C'est ainsi que la mafia du paraître n'eut aucun mal à s'accorder avec celle du mal-être. Jusqu'au jour où Les Rapetutti eurent la savante idée de kidnapper le vieux trophée.

Pourquoi donc braquer des banques, se prendre des balles et des courbatures, alors que le magot était là sous leurs yeux ! En additionnant les implants, les rajouts et les chirurgies en tout genre, le coût de la vieille s'élevait à plusieurs milliers de dollars, *« voire le million… »*, avait lâché Don Corleone Rapetutti. En tant qu'« espère », il savait de quoi il parlait. D'un commun accord dissonant, tel un seul homme tiraillé, les frères kidnappèrent Suzy espérant en tirer le meilleur prix. Sauf que la vioque ne se vendait pas en pièces détachées… Ils essayèrent bien de demander une rançon à son époux, mais cela resta sans succès. Le bonhomme était bien trop content de l'imaginer refroidie. Élodie, sa maîtresse post-pubère, renoncerait enfin à lui pourrir le peu d'années qu'il lui restait. La garce s'efforçait de faire le vide autour de lui afin de rafler tout son héritage. C'est ainsi que les Siciliens décidèrent d'abandonner Suzy à sa misérable vie, sur le bas-côté de ses rêves périmés comme elle.

« Tala ! joua le toubib en dégainant un miroir de sa trousse à utopie. Miroir, miroir, dis-moi qui est la plus belle… Hein ? dit-il en le présentant à sa cliente.

— C'est moi ! », répliqua sans hésiter Suzy en découvrant son visage boursouflé et botoxé. Comme bien d'autres, « la vieille d'âme » contemplait son image dans la glace de ses pensées et de ses souvenirs.

Mais certaine nuit de pleine lune et d'affreux spleen, son âme fatiguée lui soufflait au creux de la réalité : *« À quoi je sers, moi qui ne suis devenue qu'un poids ? À quoi bon continuer ? Dame Faucheuse, viens donc me visiter… »*

Suzy sourit tandis que son cœur pleurait, mais pas question pour elle de verser la moindre larme. Ça creuse les cernes… La performeuse qui ne faisait pas son âge – en moins ou en plus ? – répliqua à la tristesse par un élan de fierté. Elle se redressa dignement et tira la langue à cette saloperie de miroir qui lui faisait la gueule :

« Êtes-vous aveugles ou bien ? balança-t-elle aux deux nigauds. L'actrice à laquelle je ressemble comme deux gouttes d'eau, c'est…

— Hein ? marmonnèrent-ils hagards.

— C'est Michelle Pfeiffer dans *Suzy and the Baker's boy* ! »

À y regarder de plus près, c'était vrai. Il y avait comme un air de ressemblance. Michelle Pfeiffer à soixante-quinze balais…

La « Sans-Nom »

Sur les quais de Seine, à quelques mètres de l'Opéra Bastille, des bars branchés et des humains déconnectés, vivait la Sans-Nom. Personne ne connaissait ses origines, ni son âge ni même son nom. Un jour de printemps, elle avait débarqué, telle une fleur, planter sa vie dans un campement de fortune pour infortunés. Les pauvres misérables et autres SDF avaient surnommé leur planque *la Taule dorée*. « Taule », parce que la précarité est une prison dont il est quasiment impossible de réchapper. « Dorée » car, aux beaux jours, les rayons de soleil scintillaient sur la Seine, lui donnant un éclat bien particulier. À certains moments, on eut dit qu'une mystérieuse poudre d'or la recouvrait. Ce qui d'ailleurs avait coûté la vie à ce pauvre bougre de Freddy lorsqu'un matin, ivre mort, il se prit pour un chercheur d'or et sauta dans « l'eau-delà ». Il est vrai que la vie des nécessiteux n'était pas un long fleuve tranquille… Dès lors que l'on touchait le bas, « le pavé », on glissait peu à peu dans l'engrenage du dégoût – de soi et des autres –, du désespoir et du lâcher prise.

« À quoi bon se battre alors que la partie est foutue d'avance? » Pas de toit, pas de job, « patatraque »… Plus aucune porte ouverte et des visages fermés. *La Taule dorée* était un microlotissement composé de tentes et de baraques faites de tôles, de cartons et de bois. Certains toits étaient recouverts de sacs plastiques.

« C'est pas parce qu'on vit les pieds dans l'eau et qu'on boit le bouillon, qu'on doit pour autant avoir des infiltrations! » *La Taule dorée* avait des allures de village sinistré peuplé de morts-vivants. Mais les morts ne se limitaient pas au sous-sol de la pauvreté sur les quais. Ils grouillaient aussi dans les beaux quartiers. Du côté des – soi-disant – « vivants », la tristesse était de mise, l'angoisse de rigueur. Des vagues de violence frappaient les côtes d'une humanité rongée par l'érosion de la désillusion. Plus de repères, plus d'espérance et surtout, plus de Dieu. Le monde devenait fou.

En ce samedi matin, par son hublot cassé comme son cœur, la Sans-Nom contemplait la pluie et le monde tomber. Ce n'était pas les temps qui avaient changé mais les hommes. Un vent de colère s'était emparé de la capitale et du monde entier. Un « vendetta ». Son brûlant souffle n'épargnait aucun arrondissement. Le néant planait dans les bouches du métro comme dans le cœur des hommes. Plus de solidarité, plus d'amour ni de respect, seulement la peur et l'égocentrisme. Il fallait coûte que coûte sauver sa peau, peu importe les moyens utilisés et la finalité. Plus l'humain déprimait, plus il s'accrochait à sa « peau de chagrin », car il mourait de ne plus aimer.

Simone, dit « Sim » en raison de sa ressemblance avec l'acteur, s'approcha de la Sans-Nom un bol de soupe froide à la main.

« Tin donc princesse! T'ai fait un bol de soupe. Elle était tiède, v'la que main'nant, elle est froide!

Les yeux de la Sans-Nom s'illuminèrent. Seul l'amour réussissait le pari fou de la faire sourire.

— Merci Mamie ! lui répondit-elle taquine.

— Oh gaste, te signale que t'es plus vioque que moi ! »

Sim avait raison, elle était sa cadette de vingt ans. À la pleine fleur de l'âge – cinquante ans –, elle en paraissait soixante-dix.

« Gaste, c'est que la rue, ça use ! »

Et la rue, elle connaissait. Née de père inconnu, sa mère illettrée l'avait abandonnée avec un billet de cinquante francs – sa seule fortune, provenant d'un héritage – devant la porte d'un hôtel de police.

« À l'hôtel, au moins, la p'tite sera au chaud ! » avait-elle dit à voix haute en déposant le bifton dans le couffin en osier et en partant clopin-clopant.

La Sans-Nom, qui s'interdisait tout sentiment, car « l'amour tue » – ou ressuscite, répondrait un certain Jésus –, s'était pris d'affection pour cet improbable petit bout de femme qui portait un bonnet rose à pois verts. Son bonnet, c'était quelque chose ! De jour comme de nuit, elle ne s'en séparait jamais. Peu importe la saison… Et pour cause : c'était un legs de sa mère ! Sa fraîcheur enfantine, pour ne pas dire niaise, la portait à s'enthousiasmer de tout et surtout, à tout gober. « Les escrocs du cœur », elle connaissait… Combien de fois la Sans-Nom avait dû jouer de son autorité innée, voire de ses poings, pour la sortir des sales guêpiers dans lesquels Sim avait le don de se fourrer.

Faut dire aussi que quand la Sans-Nom a débarqué à *La Taule dorée*, elle faisait, comme dirait l'autre, tache d'huile ! Ou plutôt, « bulle de champagne »… Son port de tête et son élégance naturelle en imposèrent en même temps qu'elles suscitèrent des jalousies. Tant chez les femmes que chez les hommes. À « la cour des miracles », la convoitise était reine… Quand elle la vit pour la première fois, Sim tomba en pâmoison. De toute son errance de vie, elle n'avait côtoyé pareille *pin-up* !

« Guisti ! » avait-elle lâché émerveillée.

Ce samedi-là n'était pas un samedi ordinaire pour la Sans-Nom. C'était une date anniversaire. Aussi avait-elle projeté de chaparder une bouteille, voire deux, de « roteuse » – de « champagne » dans le jargon artistique –, histoire de trinquer avec « Mamie ». À Paris, le week-end, les vernissages se succédaient tandis que les artistes – « les vrais » – manquaient cruellement. Durant toutes ses vies, la première et le semblant de vie d'aujourd'hui, la Sans-Nom s'était attachée à une tradition : lorsqu'elle était au plus bas et qu'elle avait le moral dans les chaussettes – trouées –, elle avait coutume d'ouvrir une bouteille de champagne. Mieux valait-il pour elle sabrer la bouteille plutôt que son propre goulot – sa gorge. La Sans-Nom expiait sa vie. Il y a quelques poussières d'années, un certain 13 janvier, le drame avait frappé à la porte de son existence à l'époque si bien rangée. En ce temps-là, elle était danseuse étoile à l'opéra. Le Tout-Paris se bousculait pour venir la voir danser. En réalité, elle ne dansait pas : elle aimait. Elle volait comme seule la liberté et l'élégance savent le faire. Combien d'efforts et de privations pour en arriver là ! Mais un jour, son étoile la quitta. Louise, sa petite-fille de huit ans, décéda d'un accident de poney comme dans *Autant en emporte le vent*, un de ses films cultes. La vie la déserta en même temps que sa petite princesse. Elle abandonna le domicile familial laissant derrière elle son richissime époux qu'elle tenait pour responsable du drame : pour ses huit ans, il avait offert à leur fille un poney.

Le pas rapide, en ce triste anniversaire, alors qu'elle fendait la foule tel un petit soldat de plomb et s'apprêtait à traverser le boulevard Beaumarchais, La Sans-Nom se fit renverser par le souvenir : *« À quoi je sers, moi qui ne suis devenue qu'un poids ? À quoi bon continuer ? Dame Faucheuse, viens donc me visiter… »*

Foudroyée par l'image de son petit ange allongé devant elle inerte, elle ne vit ni n'entendit Khaled, un jeune livreur dont c'était la première course.

Marcelline

« Quel bol j'ai d'être aimée comme ça ! Ah ça, c'est ben vrai, oui ! J'ai tiré le gros lot avec mes petiots. Une mère gâtée, je suis ! Manque plus que la gale pour me gratter... », souriait Marcelline, aux anges du haut de son lit médicalisé.

Mme Joubert vivait dans un studio miteux entre quatre murs et beaucoup de rêves. Cette agricultrice céréalière avait trimé toute sa vie avec « papa » – son défunt époux qui lui manquait tant – pour faire fructifier l'exploitation agricole. Ce vieux garçon l'avait rencontrée grâce à « La fille du Bon Pasteur », l'organisme de placement pour pauvrettes à la recherche de travail. À l'époque, il cherchait une femme à tout faire pour l'aider dans les tâches ménagères et aux champs. Comme beaucoup d'agriculteurs élevés aux hormones de mères qui tenaient la queue de la poêle et leurs gars d'une main de fer, il était complètement assisté. Pour ne pas dire lobotomisé... Aussi quand celle-ci fut rappelée au ciel, il ne savait plus à quel « sein » se vouer. C'est ainsi que Marcelline – Rachel de son vrai nom – reprisa ses chaussettes et son cœur troué. Partis de rien, ils avaient créé un empire à la force du poignet.

« Le repos, les vacances ? Connais point ! Dans le temps, on savait bosser la terre, nom d'une ânesse ! Le travail manquait point. Il nous faisait point peur. Main'nant, les jeunes, ils font ça avec leurs machines et leur… comment qu'ils disent déjà… ? Leur “informe matique” ! V'la que main'nant, ils tournent du bec à l'idée de toucher la terre ! Ils veulent pas se salir les mains, qu'ils disent ! On aura tout vu… Papa, tu dois te retourner dans ta tombe devant tout ce bazar ! T'inquiète mon bon Léon, y'a pas que nos gamins qui font ça, ils s'y collent tous ! Comme ils disent, “les temps changent”… Pardi, dans quel monde on vit ! Après les anciens francs, y'a eu les nouveaux, après les nouveaux, y'a eu les “zorros” – quelle drôle d'idée que d'appeler une monnaie comme le héros de la série télévisée… J'te l'donne en mille, ces temps-ci, ils ont créé une pièce qui n'existe pas ! Virtuelle ou “virtuose”, qu'ils la nomment. Et pis, c'est pas tout : y'a plus de télégrammes ! »

Au mot « télégramme », « la Vieille » – c'était son surnom – fondit en larmes. Son Léon lui avait envoyé un pneumatique pour lui demander sa main, tellement la petite l'impressionnait ! C'est que les deux s'aimaient pour de vrai.

« Si seulement ils s'étaient arrêtés là ! reprit l'amoureuse, Penses-tu ! Ils ont fait disparaître les téléphones et les ont remplacés par des “morte-phones”. Des petites boîtes qu'on perd tout le temps et dans lesquelles on entend rien. Et comme si ça suffisait pas, ils ont tué les oiseaux ! À la place, ils ont collé des bestiaux volants mauvais comme la peste qui t'engueulent dès que tu fais pas comme ils disent ! Les “grognes” que ça s'appelle… ou les drones, j'sais plus ! En plus, dès que t'attrapes une cochonnerie, ils te parquent chez toi comme un troupeau de veaux ! Ils disent que tout ça, c'est la faute à un “viruse”. Tantôt, j'ai eu la courante à cause d'une saloperie que j'ai mangée, ils sont venus en scaphandre pour me faire des "analystes". Moi, j'savais que j'avais juste la diarrhée. J'ai eu beau leur expliquer, penses-tu ! Ils ont dit que j'avais "le couillona", c'est le nom du bazar. Et Jeannette, tu te rappelles de Jeannette, la femme du boulanger ? j'te le donne en mille : ils lui ont refait le beignet et l'ont entubée jusqu'à l'os ! La bru s'est pris le doigt dans la porte, ils y ont fait le test et ont dit qu'elle avait chopé le bazar ! Dans la foulée, ils ont aussi fait le test à Nestor, son pauvre clébard. Eh ben, les deux pauv' vieux étaient positifs ! Du coup, ils les ont embarqués à l'hôpital, mais comme y'avait plus de place, ils ont fini à la fourrière. Depuis, on les a plus jamais revus ! Vas-y donc comprendre quéque chose ! Le progrès, qu'ils disent… Tu sais, nos gamins, c'est de la bonne pâte, ils ont le cœur sur la main. Regarde donc papa, c'est-y pas grâce à eux si la vieille, elle est point en maison de retraite avec les autres vioques à se crêper le chignon ?! »

Retournée par l'amour que lui témoignaient ses enfants, Marcelline écrasa une larme. Ses petits l'aimaient vraiment. C'est pour cette raison qu'ils se battaient pour ne pas l'envoyer au mouroir et pas pour « son l'oseille », comme lui martelait Fernande, sa jeune sœur.

« Celle-ci quand elle ouvre le bec, c'est pour vomir de la bave de crapaud ! Elle commence vraiment à me courir sur le haricot ! Mais je l'aime, c'est ma petite sœur, elle a besoin de moi. Qu'est-c'est-y que la gosse ferait si je l'abandonnais ? »

Fernande avait quatre-vingts ans et Marcelline, quatre-vingt-huit.

En ce dimanche béni, chapeautée, sur son trente et un, Mme Joubert Marcelline, dite « la Vieille », tenait dans une main un miroir et dans l'autre un vieux pinceau d'*eye-liner*. C'est que tantôt, elle allait recevoir « du beau monde »... L'apparente dureté de la vieille abritait en réalité un gros cœur. Elle et sa sœur étaient devenues inséparables depuis cette saloperie de rafle qui embarqua leurs parents pour ne plus jamais les leur rendre. Jusqu'à cette fatidique nuit, les sœurs menaient une existence dorée. Leur père tailleur réputé et son épouse chapelière s'étaient évertués pour que leurs filles ne manquent de rien. Pas comme eux. Enfants de juifs immigrés polonais, ils ne connaissaient que trop bien le goût des pissenlits par la racine. Si M. et Mme Grasdouble, les voisins qui les avaient dénoncés, ne s'en étaient pas mêlés, aujourd'hui, Marcelline et Fernande seraient des dames du monde. Elles iraient faire leurs emplettes avenue Georges-V, rouleraient en décapotable et feraient de l'équitation.

On frappa tout à coup à la porte, ce qui tira Marcelline de ses pensées.

« C'est moi, n'ayez pas peur..., chantonna du couloir une femme, enjouée.

— Hein, c'est qui ? répliqua Mme Joubert, déphasée.

— Bonjour ma toute belle ! dit Rose Chang-Li en ouvrant la porte. Waouh ! qu'est-ce vous êtes élégante aujourd'hui ! » s'extasia-t-elle en la découvrant dans ses beaux habits du dimanche.

Rose tenait un bouquet de fleurs à la main qu'elle s'empressa de tendre à Marcelline. Le visage de la vieille s'illumina. Elle n'était pas habituée à recevoir des fleurs mais plutôt des épines, surtout de la part de sa famille. Quant au reste du globe, il l'ignorait, elle, et tous les autres vieux. Aux premiers cheveux blancs, la société les enterrait. Ce monde était fait pour les jeunes et pour les bien-portants, non pour les handicapés et les croulants. La jeune femme s'approcha d'elle un sourire radieux aux lèvres laissant apparaître une parfaite dentition. Sa taille de guêpe rivalisait avec celle des mannequins que Marcelline, entraînée par sa sœur « *fashion victim* » – comme elle-même le disait –, contemplait dans les magazines. Ses grands yeux noisette pétillaient comme du champagne !

Une étrange lumière émanait de sa personne. Elle provenait de son âme en effervescence : la belle était croyante… Elle avait dû fuir la Chine à cause de ses convictions religieuses. Il ne faisait pas bon pour les minorités chrétiennes de cohabiter avec le Dragon Rouge. Le régime se durcissait de jour en jour, se fermant petit à petit au reste de la planète. Les dirigeants faisaient marcher le peuple à la baguette. Le Dragon Rouge avait la nostalgie du communisme d'antan : pur et dur, « piques épiques et colères drames ». Aussi, n'hésitait-il pas à dévorer toutes formes de pensées entravant sa volonté ne faisant qu'une bouchée des dissidents. Un nombre exponentiel de disparitions mystérieuses planait sur la Nation. Aucun secteur n'était épargné, que ce soit le sport, l'industrie, la culture, l'éducation, ou même la famille. L'héroïque dictature ne laissait aucune chance à ses enfants : « Partisan, tu seras, ou bien, zigouillé, te feras… »

Fille unique d'un couple d'ingénieurs, Rose Li se mit ses parents et l'État à dos quand elle fit son « *coming-out* » de chrétienne. Depuis des années, Rose fréquentait en cachette un père missionnaire. Le religieux opérait « en masqué » pour ne pas se faire couper la tête. Non pas qu'il eût peur de la mort, mais il craignait de ne pas proclamer à un assez grand nombre l'Évangile de l'Amour. La Bonne Nouvelle du Christ. Fichée, Rose dû fuir le pays à la hâte. Grâce à des passeurs, elle rejoignit un groupe de migrants. – « Ces sales types, qu'est-ce qu'ils viennent faire chez nous ?! » diraient M. et Mme Grasdouble.

Promise à un bel avenir, d'une intelligence supérieure, elle quitta ses rêves en même temps que sa maison. En

France, Rose était devenue aide-soignante. Pour beaucoup de nos congénères, ce travail apparaissait telle une voie de garage alors qu'en réalité, il était une piste de décollage. Il faisait partie des nobles tâches, de celles qui ont du sens – tout comme les auxiliaires de vie. Sans elles, que deviendraient les vieux, les malades, les handicapés ? Au contact des plus fragiles, le cœur se libère – à condition d'en avoir un. Il arrivait, de temps à autre, que des « peaux de vaches » décomposent la profession…

« Sapristi, ça pour une surprise, c'est une surprise, Fleur-de-Lotus ! » lâcha éberluée Marcelline à sa vue.

La jeune Asiatique sourit. Cela faisait depuis plus de quatre ans qu'elle faisait les soins à domicile de Mme Joubert, et pas une seule fois celle-ci n'avait réussi à l'appeler correctement. Par son prénom, tout simplement. Les premiers mois, elle s'était battue pour que sa patiente et « vieille petite protégée » fasse l'effort de la nommer par son nom de baptême mais, très vite, elle avait lâché l'affaire. Elle comprit, ou plutôt, elle renonça à comprendre pourquoi les anciens déformaient systématiquement les noms !

Une fois, elle lui avait posé la question :

« Pourquoi m'appelez-vous Fleur-de-Lotus alors que mon nom, c'est Rose ?!

La vieille l'avait toisée du haut de ses beaux yeux ridés :

— Excuse-moi, ma petite, mais quand chui allée en Indochine rendre visite à mon pauvre cousin avant qu'y casse la pipe, y avait ben plus de "fleurs de lotus" que de "roses" ! »

Fin de la discussion.

« Alors, comment s'est passée la journée, pas trop de douleurs ? » s'enquit Mlle Chang en cherchant un vase pour y mettre les fleurs.

Rose prenait sur ses jours de congé pour visiter les personnes âgées. Les laissés-pour-compte, les oubliés de tous, dernières roues de la charrette d'un monde qui refusait d'être à la traîne et encore moins dans l'empathie. Les bons sentiments faisaient figure de *pathos*; quant à la charité, c'était une vertu démodée, pour ne pas dire désuète. Tout était une question de rendement et de profit. Il y avait l'essentiel et le non essentiel. Plus bonnes à rien, « les vieilles machines humaines » étaient rangées aux oubliettes de l'humanité. Contradictoire pour une société qui ne prônait que la solidarité et la bienveillance…

« Alors, votre journée, élégante jeune dame? reprit-elle, avenante.

— Quéque tu m'parles de la journée, c'est la pleine nuit! s'offusqua la vieille. T'as pris un coup sur le béret?! Quéqui t'prends de débarquer la nuit dans ma piaule? Faut pas que j'sois sur les rotules: demain dimanche, y'a mes gamins qui viennent casser la croûte. Ils ont même dit qu'ils ramèneraient des macarons! Tu sais, ceux que j'aime tant aux fruits de la passion… C'est à cause de ce bazar qu'j'arrive point à dormir, suis trop excitée, pardi! À midi qu'on a rendez- vous… J'ai compté les jours et les zans depuis leur dernière venue. Tiens, jette un coup de grelots là-dessus! pressa-t-elle en sortant de son polochon un stylo accroché à un carnet griffonné. Comme les taulards en zonzon qu'j'ai fait: des traits barrés pour chaque jour passé. »

Son polochon, c'était son bureau. La vieille rangeait tout à l'intérieur: son bloc-notes, ses madeleines, sa lampe de poche, les billets doux que lui écrivait son homme… Mais pas que: c'était là qu'elle planquait son magot. Toutes les économies d'une vie! Le clou de sa literie, c'était son matelas, un vrai coffre-fort: Cabossé, cousu d'une seule pièce par ses soins et rempli de lingots! « En temps de guerre, y a que l'or qui passe pas l'arme à gauche ! » disait-elle.

« M'en tape le coquillard, reprit la vieille, ça valait le coup d'attendre ! Surtout qu'ils rappliquent avec la gosse. Ma petite-fille que j'ai vue qu'une fois… Le p'tit ange doit bien avoir vingt ans main'nant. C'est que les mioches, ça pousse ben vite. Ça c'est vrai, ça, j'en sais quéque chose ! »

Le visage de Rose s'assombrit. Elle s'approcha d'elle et lui prit délicatement la main. Devant sa mine défaite, Marcelline déglutit. Quand la petite, habituellement si joyeuse, prenait un air si grave, c'était pas bon signe… La dernière fois, c'était quand elle l'avait emmenée à l'hosto quand le toubib avait découvert qu'elle était cardiaque.

« Marcelline…, osa Rose, c'est l'après-midi, il est 16 heures. Et nous sommes dimanche… »

Elle tira énergiquement les rideaux de l'unique fenêtre laissant apparaître un glacial soleil. Cela faisait depuis plusieurs mois que Mme Joubert confondait le jour et la nuit. Au pays de la vieillesse, les ténèbres règnent… Ses yeux se couvrirent de larmes, son cœur, de honte. Elle se vit subitement abandonnée sur le bord de l'autoroute de la vie tel un chien errant et vieillissant. Était-ce une hallucination ou bien la réalité ? Une odieuse pensée traversa son esprit :

« À quoi je sers, moi qui ne suis devenue qu'un poids ? À quoi bon continuer ? Dame Faucheuse, viens donc me visiter… »

Gabin

« 17h58 ! »

Gabin s'inquiéta en jetant un coup d'œil à sa montre à gousset, accrochée à la chaîne de son veston fripé. Il était inenvisageable pour ce retraité de la SNCF de rater son « train-train quotidien ». Le funiculaire qui le conduisait à la butte Montmartre peinait comme lui pour avancer. Lui aussi avait pris un coup de vieux ! À peine sorti, il pressa le pas direction place du Tertre, « place de la "liberté" » ! Il ne pouvait pas se permettre d'être en retard, quelqu'un l'attendait. Quelqu'un qui ne le quittait pour ainsi dire jamais. Gabin avait rendez-vous… avec la viduité. Tous les soirs, à 18 heures tapantes, il buvait sa mousse en compagnie de Mme la solitude à la terrasse de Gégène. Qu'il pleuve, qu'il vente ou qu'il neige, tous deux étaient fidèles au poste. Pour rien au monde, ils n'auraient loupé ça ! La terrasse chauffée offrait une vue panoramique sur la coquette place. Autrefois bondée, grouillante de vie et d'envies, celle-ci battait de l'aile comme les pigeons touristes et les oiseaux. Seuls quelques Asiatiques, armés d'appareils photos, faisaient de la résistance. L'émotion ne se lisait plus sur les visages, mais seulement dans les livres. Qu'était-il donc arrivé à Paris ? La capitale semblait faire la gueule tout comme ses habitants. La légèreté de l'après-guerre et des années quatre-vingt avait cédé la place à une anxiété mortifère palpable jusqu'au moindre pavé. Gabin était un Parigot pure race. *« Parisien de père en fils depuis des décennies! »*, clamait-il non sans une certaine fierté. C'était son titre à lui, « son diplôme ».

Car l'école ne l'avait pas beaucoup fréquenté… Ses deux frères et lui avaient grandi porte de Vincennes dans un meublé insalubre. Son père, veuf, travaillait à l'usine et ne rentrait que tard dans la nuit. Usé par trop de malheurs, le pauvre homme faisait de son mieux pour joindre les deux bouts. Malgré toute sa bonne volonté, il peinait pour élever ses gamins. Comment gagner sa croûte et s'occuper correctement d'eux ? Quand il rentrait au petit matin, il s'écroulait dans son lit, oubliant quelques instants sa triste vie. Du coup, ses petits gars s'élevaient tout seul. Au décès de Germaine, leur maman, les petits étaient alors âgés de 6, 7 et 10 ans. Guy, l'aîné, avait pris ses petits frères sous son aile. L'enfance l'avait quitté au décès de sa p'tite mère bien-aimée. Sa légèreté et son insouciance s'étaient fait la malle avec elle. Enterrées à jamais. Ses rêves gisaient avec sa daronne six pieds sous terre. Il était devenu adulte sans jamais avoir été enfant. Gabin, lui, était le dernier, le tout-petit, le bébé comme on dit. Quant à Blaise, celui du milieu, il était l'assistant « sales coups » de l'aîné, ses petites mains. Dès qu'il y avait une bêtise à faire, il était là, on pouvait compter sur lui…

Au milieu de ce sacré bazar qui s'appelait leurs vies, une tradition cependant subsistait : une fois par semaine, le dimanche, leur patriarche les prenait avec lui, non pour aller à la messe – depuis le décès de sa femme, Momo était fâché avec Dieu –, mais pour jouer au tiercé.

Pégase, qu'il s'appelait le café… Un lieu magique où le Tout-Paris de la balle se retrouvait. Ça piaillait, ça picolait, ça jouait et parfois même, ça se battait. Mais « ça » vivait et ça aimait… D'une nature noble et passionnée, la populace avait le sens de l'honneur et du respect. Dans ce temple de « vauriens », les enfants communiaient à la vie. Gabin se le rappelle encore. C'était leur seule sortie en famille. Ils attendaient ce moment avec délectation. Le moment où ils se retrouvaient entre hommes, avec leur père et d'autres bonshommes. Les courses, c'était une affaire de mecs !

Les rares femmes qu'ils croisaient étaient des filles de mauvaise vie. L'une d'elle, Henriette, était une péripatéticienne. La môme s'était prise de tendresse pour les orphelins. Aussi, chaque dimanche, quitte à refuser des clients, elle était là, non pas pour jouer aux petits chevaux, mais à la maman qu'elle n'avait jamais pu être… Seuls « ses petits princes », comme elle les appelait, avaient le pouvoir de lui faire oublier le trottoir. Comme beaucoup de ses consœurs, Henriette était un cœur pur qui n'avait pas eu la chance de naître « du bon côté ». Accoudé au comptoir de zinc, une gitane à la main – faute de la tenir dans ses bras –, un Ricard dans l'autre, leur paternel passait des heures à faire des pronostics. Il élaborait toutes sortes de combinaisons à n'en plus finir. Pauvre homme : toutes se soldaient par des échecs. Un jour, alors qu'il échangeait fiévreusement avec d'autres joueurs, il se tourna vers ses gars installés à une table :

« Les petiots, dites trois numéros entre un et dix-neuf…

— Vingt ! corrigea Guy. Papa, t'oublies Sultan qui est à quatre-vingt contre un !

— Mouais, rajouta un acolyte de Pastis, le canasson du prince arabe. Il peut bien créer une surprise… un sacré *outsider* celui-là !

— Tu parles d'un *outsider* : le bestiau, c'est une carne ! » grommela Momo en tirant sur son mégot jaunâtre, à moitié éteint comme ses yeux...

Les enfants profitèrent de ces passes verbales pour se concerter à voix basse. D'authentiques bandits préparant un sale coup... Au bout de quelques secondes de concertation, ils se tournèrent tel un seul homme en direction du patriarche.

« Vingt, quatre, un ! dirent-ils ensemble d'une voix assurée. Les mioches avaient pris du galon. C'était la première fois que leur daron leur demandait leur avis.

— Ça, merde alors ! Le numéro vingt, c'est Sultan ! dit ahuri l'un des hommes en se grattant la tête. C'était le sosie de Jean Carmet.

Momo se redressa tout à coup, réajusta son béret et dit d'un air solennel en caressant ses imposantes bacantes :

— Les mômes ont parlé. Vingt, quatre, un, tel sera mon tiercé...

— Oh ! lâchèrent en chœur ses compères tandis qu'une torpeur générale gagnait le café. Suspendus à l'oracle prononcé par les gosses, les clients restaient bouche bée.

— Je triple la mise ! » surenchérit Henriette, un porte cigarette au bec.

La stupeur des mâles redoubla. Un silence religieux envahit les lieux. La messe était dite... La dame s'avança en se déhanchant – métier oblige – et s'arrêta devant Momo. Puis d'une manière nonchalante mais longuement étudiée – elle était fan de Marlène Dietrich et connaissait tout son répertoire –, elle ôta langoureusement son gant de cuir noir et tendit sa longue main à Momo hébété.

« Si je gagne, je donne tout aux gosses... » dit-elle en faisant un clin d'œil aux mioches.

La stupéfaction était à son comble. Une dame chapeautée – « une honnête » – venue boire un chocolat avec ses filles s'évanouit. Quant à ses petites, elles n'avaient d'yeux que pour les petits gars. L'une d'elles contemplait Gabin des étoiles dans les yeux, ce qui n'échappa nullement au petit père qui se mit à rougir. Les deux petiots tombèrent amoureux sur-le-champ! Le petit gars eut subitement envie de lui tirer la langue et ses longues nattes blondes – à chaque âge ses codes de l'amour…

« T'es sûre, la môme, t'auras pas besoin du flouze? Tu donnes tout aux gosses? lâcha Momo stupéfait.

— Parfaitement sûre! Demain, je quitte le pays avec Charly. Il m'amène à Buenos Aires. Il a acheté un casino là-bas… dit-elle avec l'élégance d'une princesse devant l'assemblée muette qui se tenait au garde à vous "Puissant, riche ou misérable que tu seras, les jugements de cour seront différents". Aux yeux du peuple, la grue devenait tout à coup respectable…

— *Banco*! » jubila leur vieux en lui serrant la main et en lui écrasant ses longues phalanges.

Le soir même, alors qu'il était collé au poste de radio pour suivre la course en direct, que Charly était au poste de police derrière les barreaux et qu'Henriette était criblée de balles – un *poker* qui avait mal tourné –, Momo apprit qu'il était le seul gagnant du tiercé dans l'ordre de toute la France!

« Nom d'un p'tit bonhomme! » avait-il lâché en laissant tomber son verre de gniole sur le carrelage plastifié du coin cuisine. Cette fleur offerte par Dame chance était providentielle.

« Après tout, peut-être bien que le Bon Dieu s'était rappelé d'eux? » Heureusement que la môme avait pris soin de remettre le ticket aux gosses. Le vieux se tourna vers ses gars en train de jouer aux osselets à même le sol.

« Ayé, on a gagné le gros lot ! se réjouit-il en pinçant les pointes de ses bacantes tel un milord.

— Quel gros lot ? répondit Guy en jetant les osselets. Leur patriarche se leva et s'approcha d'eux.

— Qui c'est qu'a le ticket ?

— Quel ticket ? rétorqua Blaise, tout à leur jeu.

— Ben tiens, le ticket gagnant, pardi ! Celui qu'a raqué et composté la môme pour nous !

— Qu'est-ce que ça veut dire papa, composté ? murmura Gabin en ouvrant de grands yeux ronds.

— Non d'une pipe, vous vous foutez de ma gueule ? » dit-il blanc comme un cierge en s'épongeant le front et en s'accrochant à la table. C'est-y pas possible, me dites pas que vous l'avez paumé !

Devant l'air dépité de leur patriarche, les voyous en culottes courtes pouffèrent de rires en lâchant un paquet de grimaces et de gloussements. Dans l'action, Momo fit un énorme pet ce qui entraîna les marmots dans un ballet de rires et de « beurk » sans fin. Au bout d'interminables minutes qui faillirent emporter leur père, Gabin intervint.

« C'est ça, papa, que tu cherches ? » lâcha-t-il le ticket à la main avec une machiavélique moue d'ange.

C'est ainsi que les gamins et leur pauvre vieux abandonnèrent Vincennes, le bois et ses filles de joie, pour aménager en bas de la butte, près du marché Saint-Pierre.

Lorsqu'il songeait à sa vie, Gabin avait le *spleen*. Tous les êtres qu'il avait aimés étaient morts et enterrés : Guy, son idole, d'un accident de chantier, Blaise, son autre frère, d'une cirrhose, ses parents et Henriette, « La belle de Cadix ». Celle qui avait bercé ses rêves d'enfant. Une grande dame… Sans parler de Jo, Louis et James, ses amis de régiment partis trop tôt… Quant à Ginette, sa femme, elle n'était pas partie les pieds devant, mais avec un amant sans même lui laisser d'enfant.

« Oui, il n'y avait rien de plus douloureux que de perdre les êtres aimés. Pourquoi vivre si longtemps, pourquoi s'accrocher coûte que coûte à la carcasse d'une pesante existence ? Mieux vaut tirer sa révérence avant. La vieillesse n'a aucun sens. Vieux, on porte le deuil de sa propre vie. Plus on prend de la bouteille, plus la vie se transforme en une longue agonie. Elle devient une languissante cérémonie ponctuée d'enterrements et de maladies… Tout ça pour finir au trou ! Comme s'amusait Gainsbourg dans sa chanson *Le poinçonneur des Lilas* : "Des trous, des petits trous, encore des petits trous…" Quand on y pensait, la condition de l'homme n'avait rien de rigolo : il passait sa vie à bouffer du chien enragé pour au final se faire bouffer par les asticots », méditait-il, mélancolique.

En ce premier mai, ni le muguet, ni le bonheur n'étaient au rendez-vous. Une fois de plus – une fois de trop –, Gabin sirotait le désert de sa vie un goût amer dans le cœur, « sa blonde maltée » face à lui et Dame solitude qui le toisait.

« Une autre chope ! » cria-t-il au serveur avec le peu d'enthousiasme qui lui restait.

Certains jours de cafard, Gabin, le neurasthénique, songeait à se donner la mort :

« À quoi je sers, moi qui ne suis devenu qu'un poids ? À quoi bon continuer ? Dame Faucheuse, viens donc me visiter. Si tu le veux, je peux t'aider… »

Pauline

Mme Pauline Pagnac était réglée comme une horloge. Du haut de ses 77 printemps, elle n'avait jamais été en retard de toute sa vie. Était-ce dû à son grand-père horloger qui l'avait élevée ou bien à son horloge biologique ? Ses journées étaient réglées comme du papier à musique : sans fausse note. Elle enchaînait les rendez-vous avec brio et élégance. Cette mélomane, virtuose de l'amour, n'avait pas eu le temps d'avoir un enfant. Henri, son amour de jeunesse, auquel elle avait donné sa main, était parti un beau matin au volant de sa flamboyante DS, sans jamais revenir. Sur l'autoroute du Soleil, non loin de Marseille, le mistral l'avait emporté. Accident de la route comme on dit… Mme Pagnac refusa de refaire sa vie.

« D'Amour, on en a qu'un… » C'est ainsi qu'elle quitta la cité phocéenne pour Paris.

Sa maigre retraite ne suffisait pas à subvenir à ses besoins ni à ceux dont elle s'occupait. Car Mme Pagnac avait le cœur sur la main. Elle cumulait les petits boulots comme d'autres les contraventions. Il fallait bien joindre les deux bouts. Surtout sans conjoint et sans enfants pour l'aider.

Un jour, elle livrait des fleurs, le lendemain des pizzas… Les années qui passaient semblaient n'avoir sur elle aucune emprise. Pauline était fraîche comme une rose. Un parfum de bonté précédait chacun de ses pas. Les épreuves de la vie n'avaient en rien affecté sa joie et sa spontanéité. La petite dame faisait partie du club restreint de ceux qui croyaient en la vie et en l'homme. Sa nature altruiste l'avait toujours portée vers les plus démunis et les plus vulnérables : les enfants, les personnes âgées et les SDF.

Entre deux livraisons en scooter – un vrai danger public –, elle passait visiter les nécessiteux, n'hésitant pas à leur offrir une friandise qu'elle payait de sa poche. Il était inenvisageable, pour la prestigieuse multinationale de l'alimentaire pour laquelle elle travaillait, de lui céder la moindre part de gâteau. On ne pouvait être coté à la bourse et débourser. Plutôt que d'offrir les invendus aux esclaves coursiers, l'enseigne préférait les jeter à la poubelle de l'humanité. Peu importe si ses employés crevaient la dalle et si le monde crevait de faim. Une seule chose lui importait : respecter les consignes sanitaires liées à la protection de la planète. « Tous solidaires pour une écologie responsable, durable, propre et citoyenne »… La firme veillait à ce que tout soit biodégradable : les matières et les matériaux, comme le cœur des hommes qui la dirigeaient.

Fée Pauline faisait le bonheur de tous ceux qui la rencontraient. Cependant, elle demeurait un mystère pour tous : trois jours par semaine, de 17 heures à 19 heures, elle disparaissait et devenait totalement injoignable. Envolée la Pauline ! Mais où passait-t-elle donc ? Avec qui avait-elle rendez-vous ? Les bruits et les ragots coulaient à flots, surtout du côté de la charcutière. Depuis que celle-ci avait surpris son mari à lui offrir des chipolatas, rien n'allait plus entre elles. Comme on dit, elle l'avait dans le collimateur! Pire, dans son hachoir à barbaque: une fois, n'avait-elle pas rêvé de la transformer en saucisse?! Bien assaisonnée, mélangée avec du bacon fumé, personne ne remarquerait rien…

Bien que Mme Pagnac ait vingt ans de plus qu'elle, elle irradiait ce qui exaspérait Georgette, la charcutière.

Comment cette vieille peau faisait-elle? D'où lui venait ce sourire enchanteur que tout Ménilmontant lui enviait? Par quels maléfices dégageait-elle une telle fraîcheur? pestait la commerçante.

Alimentées par ses soins, les médisances allaient bon train:

« Elle joue les saintes-nitouches mais c'est une gourgandine! Elle a un amant, c'est moi qui vous le dis! Quelle honte à son âge! s'excitait la charcutière à la moindre occasion.

— Comme vous dites! encourageait la teinturière, son acolyte de ragots.

— Elle ferait mieux de tricoter ou de manger des gâteaux… ou bien, de regarder la télé comme toutes les personnes âgées, surenchérissait-elle.

— Ah, ça c'est vrai, ça… » approuvait la boulangère en piochant une pistache au lard fumé.

Ce que Georgette ignorait, c'est que Mme Pagnac était tout sauf une personne âgée. Du haut de son perchoir auréolé de tripes et de langues de bœuf, la bouchère, « Mme la pie », crevait de jalousie. Malgré leur importante différence d'âge, la plus vieille des deux, c'était elle.

D'une nature joueuse, Pauline aimait bien taquiner ceux qui l'entouraient. Elle prenait un malin plaisir à attiser la curiosité autour de ses mystérieux rendez-vous. Ils avaient toujours lieu les mêmes jours: le mercredi, le jeudi et le vendredi. Quand certains se risquaient à lui demander où elle allait, Pauline rétorquait:

« Mais voyons, très cher, je vais à mon “5 à 7” ! Vous devriez le savoir depuis le temps ! »

Ses rendez-vous insolites l’entraînaient au centre de Paris. Tantôt dans le XVIIIe, tantôt dans le IIe. Une fois, la charcutière avait envoyé sa jeune commise en filature. Elle avait acheté son silence avec une grosse côte de porc et des andouilles de vire. La jeune Normande n’eut d’autre choix que de succomber… Son investigation l’avait conduite jusqu’au métro Bourse. C’est là que Pauline était descendue. Ce jour-là, Mme Pagnac pressait le pas et ne cessait de regarder sa montre. Derrière elle, essoufflée, la jeune Maëva transpirait comme un bœuf. Faut dire qu’elle n’avait pas bien digéré les tripes à la mode de Caen que sa maman lui avait préparé le week-end dernier. Pauline descendit la rue de la Banque en toute hâte. Il ne lui fallait en aucun cas être en retard à un tel rendez-vous. Derrière elle, la jeune fille traînait le pas. En plus de ses problèmes de digestion, ses pieds lui faisaient mal. Aussi quelle idée de mettre des escarpins quand on souffre de rétention d’eau dans les chevilles ! Allez, zou, la prochaine fois, elle mettrait des baskets. Leur course folle les conduisit place des Petits-Pères devant la basilique Notre-Dame-des-Victoires. C’est là que l’apprentie bouchère perdit sa trace et la face.

Adios la côte de porc et les andouilles : « Vous êtes virée… ! » lui avait balancé aimablement Georgette à son retour.

Quant à Pauline, plus le temps passait, plus elle rayonnait. Ses mystérieux « 5 à 7 » y étaient pour beaucoup. Contrairement aux autres protagonistes de l’histoire, elle souhaitait vivre et croquer la vie à plein cœur !

Qui pouvait bien être celui qui l’épanouissait tant et qui semblait combler sa vie ?

Miss Daisy

« Je vivais seul avec maman, dans un très vieil appartement, rue Sarasate… », chantait Miss Daisy en rentrant ses sacs de course. Comme tous les jeudis, la Miss revenait du marché. Comme tous les jeudis et tous les autres jours de la semaine, elle trouvait son logement vide. Vide comme sa vie depuis que sa maman était partie. Vide comme son cœur qui crevait de ne pas aimer et de ne pas être aimé. Pourtant l'amour, elle l'avait cherché, mais elle n'était tombée que sur des canailles ! Des sales types… Daisy était un artiste transformiste, un travesti comme on dit.

« Une vieille folle ! », comme elle disait… Gaston, de son vrai nom, ne s'aimait guère. Il se trouvait moche et inutile. Et maintenant, vieux. Pour lui, le plus douloureux des trois, c'était d'être inutile. Il y avait tellement à faire dans ce monde avec toute cette misère ! Comment rester les fesses sur le canapé alors que des enfants n'avaient pas à manger et que les inégalités fleurissaient comme la mauvaise herbe ? Daisy était une passionnée, elle était faite pour courir le pavé mais pas de la manière dont elle l'avait fait : en michetonnant. Il y a une vingtaine d'années, elle eut envie de tout plaquer ! Fini les discothèques et les beuveries, il était temps pour elle de donner du sens à sa vie. C'est ainsi qu'elle postula auprès des missionnaires de la Charité pour travailler dans l'humanitaire. Fondée à Calcutta en 1950 par Mère Teresa, la congrégation recherchait des bénévoles pour s'occuper des enfants. L'Inde détenait un triste record : celui du pays au monde où il y avait le plus d'orphelins. À sa grande surprise, sa candidature fut retenue. Les gosses lui tenaient particulièrement à cœur : ils étaient purs et sans défense. Elle ne reculait devant rien pour défendre leur cause. À savoir le droit d'être simplement un enfant, avec des goûts, des pensées et des jouets d'enfant.

« Quel est donc ce monde qui projette ses propres blessures et ses propres fantasmes sur le dos des plus petits et donc des plus fragiles ?! La nauséabonde odeur de la perversion parfume la terre. Nourris au biberon du numérique, délaissés par des parents eux-mêmes dépassés, le monde ne fait d'eux qu'une bouchée », constatait tristement Miss Daisy.

« Entre les images pornographiques dont on les inonde, la pédophilie que l'on démystifie, l'autorité parentale que l'on remet en cause, la morale que l'on fait passer pour rétrograde et Dieu que l'on occulte, les pauvres malheureux sont complétement perdus », se morfondait la Miss.

« L'orgueil de l'homme n'a pas de limite : il remet la création en question, afin de rebattre les cartes de l'humanité et de lui insuffler ses propres codes et désirs. Son but suprême étant de s'émanciper de Dieu afin de devenir son propre Dieu. La théorie du genre en est le signe le plus flagrant. Cette farouche volonté de reconsidérer l'identité sexuelle des jeunes est absurde et mortifère. Peu importe si cela contribue à les déstabiliser et à les détruire… » se disait Daisy dans un élan de sincérité.

« L'homme met en place une implacable machine de guerre destinée à l'éliminer. Suite à cette propagande aux effluves de lavage de cerveau, combien de jeunes ont souhaité changer de sexe, alors qu'ils ne le désiraient pas et ne disposaient d'aucun recul ? Ils ne faisaient qu'obéir à la volonté d'adultes décadents et névrosés. On ne choisit pas d'être homosexuel, on l'est ou on ne l'est pas. »

Miss Daisy savait de quoi elle parlait.

« Et ce n'est pas parce qu'on est homo que l'on doit souhaiter que la Terre entière le devienne ! Combien de petits garçons et de petites-filles, d'adolescents et de jeunes adultes qui s'étaient déclarés homosexuels et non binaires s'étaient fait charcuter pour revendiquer leur "soi-disant différence" et assumer pleinement des choix qu'en réalité, ils n'avaient pas faits ? Combien d'entre eux se sont laissés entraîner dans l'odieuse mouvance seulement par jeu et par provocation ? S'il y a bien une période de la vie où l'on se doit d'être rebelle, c'est bien la jeunesse ! Combien d'entre eux ont été détruits à vie ? »

De par sa propre expérience, elle savait que lorsqu'on est *gay*, on a besoin de personne pour l'apprendre. En ce qui la concernait, elle l'avait toujours su.

« Ce qui se jouait aujourd'hui à travers le matraquage opéré par le lobbying LGBT n'avait rien à voir avec la liberté qu'il prônait. La communauté utilisait les peurs des hommes et la confusion dans laquelle ils se trouvaient pour les manipuler. Le fait d'être attiré par un individu du même sexe ne faisait pas pour autant de la personne un homosexuel ! Après "le mariage pour tous" et "le divorce pour tous", venait le temps de "l'homosexualité pour tous", le plus gros traquenard ! À quand le temps de l'inceste et de la zoophilie pour tous ? Et pourquoi pas aussi celui de coucher avec les morts ? Après tout, c'est une façon comme une autre pour maintenir une relation avec eux ?! Oui, il fallait à tout prix préserver les jeunes, la naïveté étant leur première nature… »

En ce mois de juillet 2004, Daisy était sur les *starting-blocks* : sa vie allait enfin avoir du sens ! Il était temps à cinquante-quatre ans ! Elle allait quitter les oripeaux du néant pour se revêtir de ceux de l'espérance et de la protection de l'enfance. Sa mission auprès des enfants devait démarrer en septembre. En août, sa mère tomba malade. Fille à maman comme pas deux, elle ne put se résoudre à l'abandonner. C'est ainsi qu'elle passa les vingt dernières années de sa vie à s'occuper d'elle. Aujourd'hui, alors que l'artiste s'apprêtait à fêter ses soixante-quatorze ans, sa mère l'avait abandonné. Elle avait choisi « de partir ». Elle avait lâché prise. En rendant les armes, elle avait assassiné sa fille…

« Je vivais seule avec maman dans un très vieil appartement », chantonnait-elle dans la cuisine en rangeant ses courses alors que des larmes coulaient sur son visage.

« Maman, tu me manques tellement ! dit-elle dans un cri du cœur. À quoi je sers maintenant que tu es partie ? Une bonne à rien, voilà ce que je suis ! »

« À quoi bon continuer ? Dame Faucheuse, viens donc me visiter… »

II
LES VIEUX, VOUS ÊTES L'ARMÉE DU BON DIEU !

Saracco show

« Il faut se soucier des jeunes, ce sont des terres à évangéliser ! Les *jounes*, les *jounes*, les *jounes*… !! », n'avait cessé de me claironner le curé. Sérieux, Fribourg, je m'en souviendrai… Et voilà comment moi, Natalie Saracco, je me suis retrouvée embrigadée par les vieux, à défendre leur cause ! Et, pire encore : à tomber sous leur charme ! « Les vieux », permettez-moi de vous dire que vous avez de beaux restes ! Mes prétendants pourraient vous relater combien cela est difficile de me faire craquer… Pourtant, vous, vous avez réussi et pas qu'un peu ! J'ai la plus grande admiration et le plus grand respect pour vous et vos vêtements de chair usagés. Ces vieux corps que vous vous efforcez d'entretenir et de traîner tant bien que mal. Vous osez essayer de prendre soin de vous alors que la terre entière vous a enterrés et que le monde ne vous calcule plus. Ou plutôt, si : « Trop de vieux sur la terre, quand est-ce qu'ils vont crever ?! On cotise pour leurs retraites alors qu'ils nous bouffent notre oxygène ! C'est qu'ils ne manquent pas d'air, les vieux ! »

Bravo les gars de vous accrocher ! Respect… Moi, j'ai déjà du mal avec ma jeune vieille carcasse : certains soirs de *spleen*, j'attendrais presque que la vie se débine. Enfin, pour dire vrai, « ces douces pensées » me titillaient avant ma rencontre avec un certain Nazaréen, vous savez ? Son prénom commence par un « J » (comme Jésus, comme Je t'aime) et son nom, par un « C » (comme Christ et sauveur). Eh oui, malheureusement, il n'y a pas d'âge pour ne pas s'aimer et pour se sentir inutile : *« À quoi je sers ? À quoi bon continuer ? Dame Faucheuse, viens donc me visiter »*…

« Le bien que je voudrais faire, je ne le fais pas et le mal que je ne veux pas, je le fais », comme l'exprime si bien saint Paul…

Les amis, il serait temps de se résigner et d'accepter : l'homme est un écrin de beauté et de difformités, de bon grain et d'ivraie. Selon les âges, selon les passages à « vie-de », les difformités revêtent de nouveaux oripeaux. Le Mal dispose d'une garde-robe sans précédent. Pour celui qui n'est que mensonge, apparence et déguisement, c'est la moindre des choses…

Pierre, Raymond, Gabin, la Sans-Nom, Marcelline, Suzy and the Baker's boy, Miss Daisy, Pauline et tous les autres, permettez-moi de partager avec vous quelques fruits d'un cheminement. Le mien… Certes, il y a eu cette EMI (expérience de mort imminente) et cette foudroyante et brûlante rencontre avec le Sacré-Cœur de Jésus entre la vie et la mort, racontée dans mon livre *Pour ses beaux yeux*, mais cela reste un point – vital et essentiel – de départ. En effet, si ma vie spirituelle avec Lui en était restée là, elle se serait éteinte bien avant moi. Sans doute porterait-elle le suave nom de « soufflet » : aussitôt montée, aussitôt redescendue… paf ! La foi ne se construit pas sur l'émotion, mais sur la rencontre et l'action. L'émotion, c'est la cerise sur le gâteau – ô combien délicieuse, j'en veux encore et toujours! Le terreau d'un cheminement est composé de plusieurs graines et étapes. Parmi elles se trouvent l'écoute, la Parole, la prière, la confession, la communion, l'adoration, le chapelet, l'abandon et l'offrande. L'offrande de nos pauvres vies et de nos soucis. Sans oublier Marie, la mère du Christ et notre maman – autant dire un ticket d'entrée sûr et sans embrouille conduisant directement dans les bras de son Fils… La première chose à faire, et sans doute la plus difficile, est de se laisser aimer et regarder par Dieu tels que nous sommes. Peu importe l'état de notre âme et de nos péchés – et de nos carcasses. Car, au bout du compte, il s'agit de se laisser réconcilier avec nous-même et avec Dieu. Or, le seul et unique chemin qui conduit à une authentique réconciliation avec « soi-m'aime » se nomme le Christ Jésus. Le Sauveur. *« Aimez-vous les uns les autres comme je vous ai aimé »…* Se réconcilier avec soi-même ne veut pas dire pour autant s'accepter, se complaire dans ses limites et sa médiocrité. « Médiocrité », tel est le « maux ». N'oublions pas que chaque clou de la croix du Christ porte notre joli petit prénom à chacun: la Sans-Nom, Gabin, Suzy, Marcelline, Natalie, Pierre, Paul, Jacques, nous tous… Il n'est nullement nécessaire de tuer des gens et de braquer des banques pour être pécheurs. Il suffit de manquer d'amour.

Qui, parmi vous, a l'outrecuidance, pour ne pas dire la folie et l'orgueil, de prétendre que son parcours de vie n'a été qu'un sans-faute baigné d'amour?! Pour revenir à la réconciliation… aucun thérapeute, psychologue, sophrologue, voyant, charlatan, poisson rouge ne vous y conduira pleinement, sinon votre Père qui vous ouvre grand les portes de Son cœur.

Pour profiter de son temps restant, passé, présent et « avenir », aucune fuite, occupation, faux fuyant, enfant, croisière, *bridge*, petit enfant, musée, concert, sortie, entrée, télé, cours de cuisine, cours de *yoga*, courtisane, ne parviendra à l'utiliser à bon escient. Le temps. Car, en réalité, très chères consœurs, jeunes et vieilles brebis, il n'est pas question de s'occuper, mais de se sauver et de contribuer, par l'offrande de nos vies en union avec le Christ, au salut des hommes. Aussi, soyons d'actifs actionnaires de son amour et de brillants apporteurs d'affaire de son pardon. Réjouissons-nous, car notre « retour sur invest » est garanti : les bénéfices seront éternels. Enfin un placement qui rapporte avec comme seul risque, celui d'être pleinement heureux ! Tout un – divin – programme…

À nous le « *Jack Love Pot* » !

Se déplacer : le parcours du combattant

Plus l'homme avance, plus il retourne à l'état sauvage. L'*homo sapiens* est passé du Cro-Magnon au « Croc-Grognon » : une espèce qui montre les dents et qui excelle en morsures de son prochain. La planète se transforme en une épaisse et impénétrable jungle. Pour la franchir, il faut être jeune et valide, féru de technologie, bourré d'oseille, gorgé de vaccins – et de bêtise ! –, pétri de peur, et se déplacer à trottinette, à rollers ou à vélo. Sans oublier le casque, le masque et le gel hydroalcoolique, l'incontournable panoplie de l'homme libre et moderne !

Et les autres, messieurs les politiciens et autres dirigeants bedonnants, avez-vous pensé aux autres, hein ? Vous savez, ceux qui sont différents… Par exemple, les personnes âgées et les handicapés ? Permettez-moi de vous dire que je préfère de loin les culs-de-jatte aux cœurs-de-jatte ! Au moins, eux, ils avancent… Les véritables infirmes ne sont pas ceux que l'on croit ! À propos des transports en commun, comment une personne âgée, bien souvent handicapée, peut-elle descendre ces interminables marches pour rejoindre les rames ? Et si, par miracle, elle y parvient, une autre faune l'attend plus bas sur les quais bondés : « Pousse-toi que je m'y mette et que je te pousse… » Pour ceux et celles qui peuvent encore se déplacer, il reste la marche, mais celle-ci est devenue si périlleuse qu'elle est fortement déconseillée. Entre les livreurs, les scooters, les piétons, les klaxons, les automobilistes – ce ne sont plus eux qui conduisent mais leur portable, tablette, Androïd, clé USB –, comment ne pas se faire renverser ?

« Paf, un vieux est mort écrasé sur le pare-brise d'un homme pressé ! » Je vois déjà le titre faire la une des journaux ! Enfin, tant qu'il nous est encore permis d'en lire en version papier. Bientôt tout sera informatisé.

« Les applications ou la dépression, pas de discussion ! »

Dans un tel contexte, pour un ancien ou un handicapé, aller chercher sa baguette de pain tient du prodige. Si le boulanger se trouve à côté, passe encore mais si ce n'est pas le cas ? Ou si par malheur, il est en congé ?! Dans quel pétrin sera l'ancien ou la personne handicapée ? Pour vous mes chers amis, il ne sera plus question de prendre un pain avec gluten ou sans gluten mais seulement de ne pas prendre de pain du tout ! À la diète les gars ! Après tout, vous n'êtes pas représentatifs de la population. Les vieux et les handicapés font figure d'hommes et de femmes invisibles, comme dans la série des années soixante-dix, *L'homme invisible*. Culte… Vioques et Handicapés = Invisibles ! Vous êtes citoyens à part entière lorsqu'il s'agit de payer vos impôts et de vous faire surtaxer, mais pour le reste, « de grâce, faites-vous petits… » toussotent nos dirigeants entre deux *meetings*. Et puis, il vous reste votre « pain quotidien », votre sacro-sainte télé ! À condition d'avoir un abonnement à un… un…, comment dit-on déjà ? Ah oui, un opérateur, « Orange, vert, désincarné ». Il n'y a plus d'humain au bout du fil – ils ne sont là que pour nous débrancher. Connectés ou marginalisés, à vous de voir… Par les temps qui courent, mieux vaut dormir sous un pont, plutôt que d'être privé de connexion !

Pour revenir à votre baguette et à vos courses, vous n'avez qu'à passer une commande sur internet. C'est si « simple » : en deux clics, on vous livre tout sur un plateau ! Sapristi, vous ne savez pas comment ça marche ? Effectivement, ça complique la donne… Eh bien, vous n'avez qu'à demander à l'un de vos enfants ou de vos petits-enfants de vous aider ! Ils manient le clavier comme vous jadis l'humanité… Ah d'accord, ils ne viennent plus guère vous visiter…

« Il est bien "las" le problème, diriez-vous à juste titre. Il n'y a plus d'enfant, ni d'humanité ! Tout s'en est allé. »

Vive l'Homme moderne !

Vive les « Crocs-Grognons » !

La fourrière de la vie

Plus de place pour elle dans l'enclos du monde. Durant ses vertes années, la brebis alerte allait et gambadait où bon lui semblait, faisant la joie des propriétaires terriens, maîtres du système, virtuoses du profit. Elle travaillait, consommait, achetait, vendait, cotisait, renflouait les caisses de l'état. Patriote comme pas deux, elle aimait son pays et défendait sa nation. Elle partait à la guerre, revenait parfois entière, parfois en pièces détachées, parfois pas du tout. Aujourd'hui, devenue vieille, elle est mise au ban de la société. On la regarde comme une brebis galeuse, un poids pour le reste du troupeau. On oublie tout ce qu'elle a été, tout ce qu'elle a accompli, toutes les merveilles d'une vie ! Telle une malpropre, on l'abandonne à la fourrière de la vie. Livrée aux mains de la SPA, « Société punitive des anciens » (le monde), elle finira par se faire piquer. Sauf que Dieu est là, et qu'il ne l'a pas abandonnée.

« Ils me méprisent », je me déteste

… souffraient Pierre, Raymond, Suzy, Miss Daisy, la Sans-Nom, Marcelline, Gabin, et tant d'autres anonymes…

Dieu est un et trine : le Père contemple le Fils qui lui-même le contemple sous le regard contemplatif de l'Esprit Saint dans la dynamique de l'Amour absolu qui est Dieu.

Le regard de l'autre est essentiel. Le regard qu'il porte sur nous est décisif. Surtout quand il s'agit d'un être aimé… Un simple regard posé sur l'homme peut contribuer à sa réussite ou à sa déchéance, à lui donner confiance ou bien à le détruire. Cela commence dès le berceau, dans les yeux de sa maman et de son papa. Nous prenons la « température » de nous-mêmes et de notre propre valeur dans les yeux des autres, et particulièrement dans ceux qui nous entourent. L'homme est ainsi fait. Il est pétri d'orgueil mais aussi de doute. Combien de fois commettons-nous des actes vains et parfois même dangereux pour prouver à l'autre de quoi nous sommes capables ? La vitrine de nous-mêmes, ce sont les autres… Quand on devient vieux, moche, emprunté, mal entendant et que l'on se déplace en fauteuil roulant, déambulateur, béquille, que la famille nous évite, que les voisins ricanent et que le monde nous ignore, pour ne pas dire nous méprise, comment continuer à croire en soi et à s'aimer ? Sachant que de surcroît, notre état ne va pas s'arranger, bien au contraire. Plus le temps passe, plus nous nous dégradons et nos relations avec les autres en pâtissent. La famille et les amis ont moins d'entrain à nous visiter. Comment faire pour rectifier le tir et pour nous relever alors que tout nous accule, à commencer par nos propres douleurs ? Ce n'est pas un goûter, ni une galette des rois, ni même une sortie au parc d'attractions où nous sommes nous-mêmes l'attraction qui va nous redonner confiance :

« Ha ! ha ! regarde le vieux, il a l'air complétement à l'ouest ! En plus, il est bourré de tocs… Hé, papy, magne-toi, nous, on a des trucs à faire ! Franchement, à quoi ça sert de vivre si longtemps ? »

Pour bronzer, il faut se mettre sous le soleil, vous en conviendrez aisément… Eh bien, pour se remettre d'aplomb, il faut se tourner vers Dieu. Pour se relever, reprendre courage, reprendre des forces et retrouver la confiance en soi, un seul regard suffit : le sien. Son regard bienveillant, brûlant d'amour et de foi qu'il porte sur nous, nous redresse sur le champ. D'un clignement de paupières, il balaie toutes les impuretés et les poussières que nous portons et que les autres nous infligent. Il nous lave et nous redonne notre dignité. Eh oui, mes amis « les vieilles brebis », je sais de quoi je parle : il m'a fait le coup à moi ! Et pas qu'à moi : à la « femme adultère », à Matthieu, gros pécheur devant le Père éternel, au bon larron sur la croix, au fils prodigue qui revient vers lui alors qu'il porte encore la puanteur de ses péchés, à Zachée, l'homme de petite taille qu'il regarde comme une grande et belle personne et à Marie-Madeleine que l'on ne présente plus… Par un simple regard d'amour, le Seigneur nous libère et nous purifie. Des autres et de nous-mêmes. Sans oublier des fardeaux de nos péchés. Il nous remet sur pied, même si nous sommes culs-de-jatte. Il nous ressuscite et nous délivre des cancans du jugement, des étiquettes et de l'enfermement :

« Toi, tu es bon, toi, tu es mauvais… Toi, tu es vieux et donc, tu n'es plus bon à rien ! »

Qui a dit ça ? Certainement pas votre Père qui vous aime et qui vous couve de son regard paternel, toujours prêt à se faire surprendre par ses enfants. Ses petits. Le Seigneur qui « scrute les reins et connaît le secret des cœurs » (cf. Jr 17,10) voit bien au-delà des apparences. Il nous voit en profondeur, il nous voit en vérité. Et la vérité, c'est que nous sommes beaux et nobles parce que nous sommes ses enfants et qu'il a mis son amour et sa joie en nous.

Les gars, exultons de bonheur ! Nous sommes tous des fils et filles de roi, des princes et des princesses ! Et cela, peu importe notre âge, l'état de nos artères et de notre porte-monnaie. Peu importe si nous sommes jeunes ou vieux, beaux ou laids, nantis ou à la rue. La vieillesse, le handicap et la laideur n'existent pas de toute éternité. Ce sont des considérations, des données liées à l'incarnation. Du reste, la laideur ou la beauté sont des critères plus que relatifs. Ils changent d'une peuplade à l'autre. Donc, messieurs dames, si vous avez un gros popotin ou le nez de travers, pas de complexes ! Regardez les Papous avec leurs grandes oreilles et leurs bouches en plateau qui touchent les genoux… Sans parler des seins des bonnes femmes ! Pour le Bon Dieu, vous serez toujours les plus beaux ! Dans son royaume, nulle place au jugement, ni à la discrimination. Telle Miss Univers, nous défilerons sur le podium de son amour sous le regard admiratif des anges.

S'il y a bien une « mère juive », c'est Dieu ! L'homme fait la fierté et la joie de son Créateur ! Pour lui, nous sommes tous des gravures de mode et nous avons tous le même âge : l'âge de l'AMOUR qui ne passera jamais. Avec Dieu, le temps n'existe pas. Pour lui, *« un jour est comme mille ans. »* À ses yeux nous serons toujours d'éternels nouveaux nés, même à cent ans !

La prière, le cordon ombilical qui relie à Dieu

> « Veillez donc, car vous ne savez pas quel jour votre Seigneur vient. Comprenez-le bien : si le maître de maison avait su à quelle heure de la nuit le voleur viendrait, il aurait veillé et n'aurait pas laissé percer le mur de sa maison. Tenez-vous donc prêts, vous aussi : c'est à l'heure où vous n'y penserez pas que le Fils de l'homme viendra » (Mt 24,42-44).

Mes petits chéris, les fainéants que nous sommes peuvent faire l'impasse sur bien des choses mais pas sur la prière. Celle-ci est incontournable. Par elle, le Seigneur nous invite à nous mettre en vérité devant lui. À déposer sur sa croix les fardeaux de nos vies. Il faut s'efforcer de prier, quand bien même on ne sait pas prier ou que l'on a oublié ses prières.

La prière qui réjouit le Seigneur est une prière qui vient du cœur. Il faut être *cash* avec lui : lui faire part de nos peurs, de nos doutes, y compris de nos colères et de nos incompréhensions. C'est comme dans un couple, mieux vaut tout se dire, tout mettre à plat, sinon ça pourrit. Une brindille laissée au placard des non-dits peut vite se transformer en un redoutable cancer qui terrasse le couple. Il est bon de démarrer sa prière par un Notre Père et un Je vous salue Marie; sans oublier d'invoquer l'éclairage ultraviolet – et surpuissant! – auquel rien n'échappe, du Saint-Esprit. Si au passage, on fait un petit *credo*, ça ne gâte rien. Ensuite, il faut se lâcher et laisser tranquillement parler son cœur avec ses mots à soi. Vous vous sentez au bout du rouleau, vous vous traînez péniblement pour faire quelques mètres, vous en avez marre? Dites-le au Bon Dieu! Il est là pour vous, il vous aime tant! Une idée de prière:

« Seigneur, viens à mon secours, éclaire-moi. Je suis à bout, je n'en peux plus de cette vie! Je souffre dans mon corps et dans mon cœur. Je ne supporte plus d'être rabaissé et humilié! Au secours, Seigneur, viens à mon aide! Que ton regard d'amour se pose sur moi comme l'hirondelle sur le rameau. Qu'il soit le gage d'un nouveau printemps. Je sais qu'à toi, rien n'est impossible. Au nom de ta miséricorde, prends pitié de moi pauvre pécheur. Donne-moi la grâce de renoncer à moi-même, de prendre ma croix et de te suivre, abandonné aux bras maternels de Marie, sûr de ton amour pour moi. Qu'à l'école de l'Immaculée, je t'aime plus que tout et que j'aime mon prochain comme tu m'aimes. Merci pour tout Seigneur, pardon pour tout... »

Vous passez votre temps à somnoler et ne pouvez plus commencer quoi que ce soit sans terminer dans les bras de Morphée? Qu'à cela ne tienne: offrez votre état au Seigneur pour lui dire « je t'aime. » Peu importe si le corps est à la traîne tant que la volonté demeure... Vous avez des problèmes cognitifs et des pertes de mémoire? Un vilain petit Alzheimer vous tournerait-il autour, ce sagouin ? Qu'importe, le silence est une prière. Offrez un moment de silence à Dieu. Dans le silence, le Seigneur nous parle au plus profond de nous-même… Tout ce qu'il attend de nous, c'est une lueur de bonne volonté, une main tendue. Ah… votre corps vous a laissé tomber ? Pire encore, il ne se rappelle à votre bon souvenir que pour vous tourmenter ? Il vous bombarde de douleurs comme un amoureux de fleurs ? Vous souffrez si fort que vous n'arrivez plus à prier ni à vous concentrer sur quoi que ce soit ? Dans ce cas, offrez vos douleurs au Seigneur, offrez-lui vos tourments. Un corps souffrant est une précieuse offrande sur l'autel céleste. Il rejoint celui de l'Agneau immolé… Si vous êtes à bout, exténué, c'est votre cœur qui prendra le relais : chaque battement cardiaque deviendra un chant d'amour pour consoler son cœur souffrant. Votre supplication se métamorphosera en une prière mystique. La plus belle des prières ! Celle où la créature tout entière s'abandonne à Dieu bien au-delà de son intelligence et de ses capacités. Pour cela, il vous suffit de dire « oui » à Dieu. Avec un brin de bonne volonté, le Seigneur allume des feux !

Si le Démon a le pouvoir sur terre de faire souffrir et mourir, de paralyser et de clouer au lit, il ne pourra jamais entraver notre liberté et nos choix. À moins que nous ne l'invitions en laissant entrer la peur, le découragement et l'amertume dans nos vies. Sans parler de la révolte et de la jalousie… Combien de jeunes gens désenchantés traînent leur vie comme un boulet ? À croire qu'ils sont nés centenaires ! Combien de vieux rayonnent de joie, de liberté et de projets ! Personnellement, j'en ai rencontré plus d'un. Telle Hélène de Laâge de Meaux, la doyenne des producteurs de mon long-métrage *La mante religieuse*. À quatre-vingt-cinq balais, elle figurait parmi les wagons de tête des patrons chrétiens et veillait scrupuleusement au bon déroulement du film, afin que personne ne s'endorme ! Ou bien Odile Delbeke : cette agricultrice de quatre-vingt-huit ans courait le pavé aux côtés des gilets jaunes et des plus démunis, prête à en découdre. Son cœur comme sa porte restaient toujours ouverts. Les petites mémés avaient deux points en commun : un amour fou pour Dieu et une brûlante charité pour leurs frères et sœurs. Ces deux-là auraient pu donner des cours de jeunesse et d'audace à tous les gamins et à tous les entrepreneurs de la planète ! Et ma poteau, « la dame au chapeau » (82 ans)… Son métier, c'est prier. Fervente défenseuse de la tradition, elle ne recule devant rien quand il s'agit de défendre la vérité. Sans parler de ma petite *mother*… Elle, c'est un phénomène de foire, une battante hors normes – elle nous enterrera tous ! Une sacrée celle-là… Toujours partante pour monter au front par amour pour Dieu et pour la Vierge Marie ! *Love you mamma*… ! Et Éléazar, ce patriarche biblique, qui par amour pour Dieu, choisit « une noble mort plutôt qu'une misérable vie » (2M 6,18) :

> Éléazar était l'un des scribes les plus éminents. C'était un homme très âgé, et de très belle allure. On voulut l'obliger à manger du porc en lui ouvrant la bouche de force. Préférant avoir une mort prestigieuse plutôt qu'une vie abjecte, il marchait de son plein gré vers l'instrument du supplice, après avoir recraché cette viande, comme on doit le faire quand on a le courage de rejeter ce qu'il n'est pas permis de manger, même par amour de la vie. Ceux qui étaient chargés de ce repas sacrilège le connaissaient de longue date. Ils le prirent à part et lui conseillèrent de faire apporter des viandes dont l'usage était permis, et qu'il aurait préparées lui-même. Il n'aurait qu'à faire semblant de manger les chairs de la victime pour obéir au roi ; en

agissant ainsi, il échapperait à la mort et serait traité avec humanité grâce à la vieille amitié qu'il avait pour eux. Mais il fit un beau raisonnement, bien digne de son âge, du rang que lui donnait sa vieillesse, du respect que lui valaient ses cheveux blancs, de sa conduite irréprochable depuis l'enfance, et surtout digne de la législation sainte établie par Dieu. Il s'exprima en conséquence, demandant qu'on l'envoyât sans tarder au séjour des morts :

« Une telle comédie est indigne de mon âge. Car beaucoup de jeunes gens croiraient qu'Éléazar, à quatre-vingt-dix ans, adopte la manière de vivre des étrangers. À cause de cette comédie, par ma faute, ils se laisseraient égarer eux aussi ; et moi, pour un misérable reste de vie, j'attirerais sur ma vieillesse la honte et le déshonneur. Même si j'évite, pour le moment, le châtiment qui vient des hommes, je n'échapperai pas, vivant ou mort, aux mains du Tout-Puissant. C'est pourquoi, en quittant aujourd'hui la vie avec courage, je me montrerai digne de ma vieillesse et, en choisissant de mourir avec détermination et noblesse pour nos vénérables et saintes lois, j'aurai laissé aux jeunes gens le noble exemple d'une belle mort. »

Sur ces mots, il alla tout droit au supplice. Pour ceux qui le conduisaient, ces propos étaient de la folie ; c'est pourquoi ils passèrent subitement de la bienveillance à l'hostilité. Quant à lui, au moment de mourir sous les coups, il dit en gémissant :

« Le Seigneur, dans sa science sainte, le voit bien : alors que je pouvais échapper à la mort, j'endure sous le fouet des douleurs qui font souffrir mon corps ; mais dans mon âme je les supporte avec joie, parce que je crains Dieu. »

> Telle fut la mort de cet homme. Il laissa ainsi, non seulement à la jeunesse mais à l'ensemble de son peuple, un exemple de noblesse et un mémorial de vertu.

Combien d'anciens s'efforcent de faire bonne figure et se démènent pour avancer tant bien que mal au milieu d'une existence parsemée d'épreuves ? Bien qu'ils soient en proie aux « SS » – « Souffrance » et « Solitude » –, ils ne lâchent rien… Alors que bien des jeunes jettent l'éponge avant même de commencer ! Les pauvres gens qui vous prennent de haut et qui vous regardent comme si vous étiez inutiles sont à plaindre. Ça prouve combien ils sont superficiels et à côté de leur propre vie. Car un jour, eux aussi seront vieux… Quand ils vous font sentir que vous êtes un fardeau, regardez du côté du Seigneur, vous qui êtes sa fierté et sa joie !

Mesdames et Messieurs « les têtes blanches », vous êtes les héros des temps modernes. Merci pour votre dignité et l'exemple que vous nous donnez. La classe, respect… Je vous kiffe, les vieux !

Alors les vieux, à quelle catégorie désirez-vous appartenir ? À celle de ceux qui se laissent enterrer de leur vivant par un système déshumanisé et le regard acerbe qu'il porte sur eux ? « La valeur d'un être dépend de son rendement et de ses performances, de son utilité au sein du groupe… L'individu ne compte plus, la communauté l'a remplacé. »

Ou bien de celle des vétérans aimants et combattants avec des projets à la pelle ? De vrais projets, pas des croisières « qui vous mènent en bateau » ou des thés dansants euphorisant, pour ne pas dire soporifiques. Des projets qui grandissent l'homme et qui réjouissent le cœur de Dieu.

À vous de voir les gars…

Dieu, surpuissant dératiseur de solitude

Telle une maîtresse envahissante, elle s'est imposée dans votre vie. Au début, elle vous faisait les yeux doux de loin. Elle vous draguait gentiment et, de temps à autre, venait vous visiter. Au départ, sa présence ne vous était pas désagréable. Après le tourbillon de la vie, un peu de repos et d'accalmie ne faisaient pas de mal… Entre les enfants, les collègues, les tâches de travail, les tâches ménagères et la course folle d'une existence passée à courir partout, vous saturiez. Il était temps pour vous de vous poser un peu et de vous retrouver avec vous-même. De souffler et de lever le pied comme on dit… Jusqu'au jour où cette situation a perduré. Au début, on frappait constamment à votre porte. Les enfants et les petits-enfants se succédaient dans une enivrante ronde. C'était à celui qui passerait le plus de temps à vos côtés !

« Papy et Mamie ont toujours plein d'histoires à raconter. Ils nous comblent de joie et de cadeaux. »

Petit à petit, votre départ à la retraite a fait battre vos proches en retraite. Vous étiez devenus moins amusant, voire un peu casse-pieds. Vos fabuleuses histoires laissèrent la place à de langoureuses complaintes. Entre pépé et mémé, il y en avait toujours un qui se plaignait ou bien qui était malade – voire les deux…, beurk ! Et cette fâcheuse habitude que vous avez de radoter ! Les week-ends et les sorties se faisaient de plus en plus rares. Il n'était plus question de courir les boutiques, les salles de cinéma ou les pâtisseries, mais seulement de rester tranquillement à la maison à se reposer :

« Mamie est fatiguée aujourd'hui, souffla mère grand à son adorable petit-fils. Si tu veux bien, cette après-midi, on va rester à la maison et on va faire des jeux de société…

— À la maison ? Mais pourquoi, euh ?! rétorqua Léo, un petit rouquin d'une dizaine d'années accroché à la télécommande d'un circuit électrique flambant neuf.

— Mon ange, je suis en convalescence. Cela fait à peine une semaine que je suis rentrée de l'hôpital. Il faut me laisser encore quelques jours avant de reprendre nos sorties.

— Oui, mais… t'avais promis de m'acheter la dernière version de mon jeu vidéo ! ronchonna le petit en croisant les bras, l'air mauvais. Et papy alors ? insista-t-il.

— Il fait une sieste, il a très mal dormi cette nuit. Encore ses maux d'estomac…

— Vous êtes trop nuls tous les deux ! Vous servez à rien ! » conclut le petit homme en se jetant sur un gâteau au chocolat que sa mamie lui avait concocté, malgré sa polyarthrite rhumatoïde qui la faisait souffrir le martyre.

« Les joies de la famille »… Et puis, un jour, tout le monde a grandi. Tout le monde vous a fui. Tout le monde a déserté Papy et Mamie et leur appart rococo qui sentait le vieux. D'autant que leur porte-monnaie devenait de plus en plus troué… Une vraie peau de chagrin ! Pourtant, vous étiez toujours les mêmes. Avec quelques années en plus, certes… Votre vie abandonnée à vos enfants ainsi qu'à vos petits-enfants témoignait de votre amour pour eux. Une existence, ça n'est pas rien, ça compte, hein ? Combien de privations et de renoncements leur avez-vous offerts sur l'autel de l'amour ?

« Mes enfants et mes petits-enfants passent avant moi, en tout premier. J'ai tout "fée" pour qu'ils ne manquent de rien ! »

Alors quoi, comment se fait-il qu'ils aient aussi vite disparu ?

« La famille, c'est pour la vie ! » affirmaient-ils le regard brillant, tatouages à l'appui.

Et puis, le temps a passé, la cellule familiale s'en est allée…

« Allo la famille, où êtes-vous donc ? »

Les dix premières années de votre interminable vieillesse, vous étiez deux, passe encore. Le roulement de l'amour opérait. Tantôt, c'était vous qui portiez votre époux, tantôt, c'était lui. Vous vous souteniez l'un, l'autre, comme vous l'aviez toujours fait. Mais maintenant, depuis « qu'il, qu'elle » est parti(e), vous vous retrouvez seul(e). Seul(e) comme un chien. Dorénavant, vous partagez votre vie avec Dame Solitude, tout comme ce brave Gabin. Fidèle comme pas deux, votre nouvelle coloc vous suit à la trace. Pas question pour elle de vous faire faux bond. C'est que la petite s'est attachée à vous ! Gourgandine insatiable, elle s'offre à vous à chaque instant et n'a pas froid aux yeux. C'est qu'elle dispose d'un cœur d'artichaut ! Tous ceux qu'elle croise, elle les invite à partager son lit de tristesse. Un lit froid et vide. Vide d'amour et vide de sens. Altruiste et généreuse, la solitude jette son dévolu sur tous ceux qui courent le pavé de l'ancienneté et sur les plus jeunes aussi. Avec elle, personne n'est en reste. Avec le temps qui passe, vos amis et vos conjoints qui trépassent, les choses ne risquent guère de s'arranger. Pourtant, tout n'est pas perdu… Il vous suffit de lever les yeux au ciel pour entrevoir que vous n'êtes pas seuls. Celui qui vous a créés par amour, qui a donné sa vie pour vous et qui ne vous a jamais lâché « d'un Love pouce » est toujours là, près de vous. Il suffit à votre cœur d'ouvrir les yeux pour l'apercevoir et le rencontrer.

« Vingt Dieux, j'sais plus quelle tête Il a le Bon Dieu ! »… « Quéque c'est-y qu'elle raconte encore la môme Saracco ? C'est qu'elle arrête point de jacter, celle-là ! »… « Foutu pour foutu, ça vaudrait peut-être le coup »… « Gaste ! Hou, hou, Dieu t'es où ? » répondent tel un seul homme Pierre, Marcelline, Gabin et Sim.

« Les vieux », sérieusement, faites l'expérience du Bon Dieu… Vous ne serez pas déçus. Aucun homme, aucune femme, aucun petit et grand enfant, aucun caniche nain et géant ne comblera votre gros cœur assoiffé d'amour comme lui seul sait le faire. « Votre Père qui est aux cieux » et qui est en vous. Si proche, si aimant et si attentionné à votre égard ! Il est l'Amour, nom d'un p'tit bonhomme ! Avec lui, la viduité n'existe pas.

« *Adios* la solitude… *vade retro* salopette ! »

« Tout ravin sera comblé » (Lc 3,5) a dit le Messie. Ou encore : « Tous les cheveux de votre tête sont comptés ! » (Mt 10)… Le Bon Dieu nous a à l'œil et au cœur, il brûle de tendresse pour nous, il est fou d'amour pour nous ! Ça serait bien que ça rentre dans vos petites têtes blanches – pour ceux qui ont encore des tifs sur le caillou.

Mes amis, les vieilles et jeunes brebis, vous rendez-vous compte de la proximité et de l'attention toute particulière que le Seigneur nous porte ?! Laissez-vous déborder par son amour et par sa présence. Vous qui espérez et guettez le moindre bruit de clés dans votre serrure, il est là, il se tient à la porte de votre cœur ! Ouvrez-lui, n'ayez pas peur. C'est que du bonheur ! Dieu a non seulement le pouvoir « de changer l'eau en vin » – « ah, un petit canon, ça, je ne dis pas non ! » – mais encore celui d'inverser la vapeur de votre vie. De remplacer les gaz toxiques de la solitude et de la souffrance en divin parfum de joie aux multiples senteurs. Osez vous confier à lui en vérité. La prière est un authentique dialogue entre le Père et nous, ses enfants. C'est un échange qui transcende et qui transfigure. La prière apaise et nourrit. Combien de fois, ai-je éprouvé un sentiment d'abandon alors que toute une cour m'entourait ! Combien de fois, me suis-je sentie seule alors que j'étais accompagnée ? La solitude à deux est la pire de toute.

Il ne faut pas confondre vacarme et assistance, compagnie et réelle présence. Lorsque l'on invite Dieu à la table de sa vie, on arrête de « trinquer ». Même si on continue de boire le bouillon, même si les épreuves sont encore là, nous ne sommes plus seuls. Cela change tout. Il n'y a plus d'espace, ni de cœurs vides. Le Bien-Aimé remplit tout notre être jusqu'au dernier recoin de l'âme. Une chaleur intense et suave, portée par une indescriptible joie, s'empare de notre personne tout entière. La présence de Dieu ne se limite pas à l'esprit, ni à l'intellect, c'est une expérience profondément incarnée où tout notre être est concerné. De la tête aux pieds, en passant par l'âme et les cheveux. Parfois, lorsque je le sens en moi, j'ai des frissons de joie ! C'est trop bon, les larmes coulent, gage de bonheur. Quand je suis heureuse, il est là et redouble ma joie. Et lorsque je porte ma croix, Il est encore là pour la porter avec moi ! Le Seigneur nous libère de nos peurs et nous affranchit de nos limites. Il nous redonne notre dignité et nous conduit à la véritable liberté. La liberté des fils et filles de Dieu. Celle qui ne redoute pas même la mort… Hé, hé, « la bande à Jésus », même pas peur !! C'est qui le plus fort, hein ? C'est qui le Patron ?? C'est lui ! Qu'est-ce qu'on a du bol d'être ainsi aimés !

La peur comme seconde peau…

Elle est là, tapie à chaque instant de vie, guettant la moindre occasion pour leur sauter dessus ! Tel un chien de chasse sur les traces de sa proie, elle leur colle aux basques et ne lâche pas le morceau – on ne sait jamais, un petit bout de vieux pourrait lui échapper… À l'affût, elle détecte la moindre marque de fragilité. L'angoisse est son terrain de prédilection, son associée, sa maîtresse. L'angoisse est un attrape-vieux. Lorsqu'elle en tient un, elle tisse sa toile d'anxiété et l'enferme dans l'appréhension. Le vétéran s'enfonce peu à peu dans un cocon de contrefaçons et de pensées négatives. Il rumine, il « *spleen* » tandis que sa vie se débine. Obnubilé par le venin de son idée fixe, il devient paralysé. Ne pouvant plus contrôler comme jadis, dépendant du bon vouloir des uns et des autres, il est fin prêt pour se faire engloutir par l'effroi. C'est là que l'autre garce affamée intervient pour n'en faire qu'une bouchée.

La peur fait des anciens son pain quotidien. C'est un cancer sournois qui se généralise aussi vite que la panique. Elle infiltre les tissus d'inquiétudes des aînés pour les dévorer vivant ! La peur est une fille de mauvaise vie, une couarde, une poltronne. Elle tire sur l'ambulance et s'attaque de préférence à ceux qui sont dans la souffrance : les malades, les handicapés, les personnes âgées mais aussi tous ceux qui sont en carence de défenses immunitaires-humanitaires : en carence d'amour et d'espérance. Ceux que les épreuves de la vie tourmentent et fragilisent : un deuil, un licenciement, un divorce, j'en passe et des malheurs.

La peur, bien que parfois compréhensible, est irrationnelle. Souvent, elle prend sa source dans une projection, un stress, un leurre ou bien une *fake news*. Et même dans la fatigue… Insatiable, la peur cause de gros dégâts. Lorsqu'elle s'attaque aux masses, elle peut entraîner un délire collectif. Comme le communisme, la montée du populisme, la guerre, la peur de l'autre et même la peur de soi, la peur des microbes, la phobie des virus. Elle n'a pas froid aux yeux. Elle tapine à chaque coin de vie. Opportuniste et revancharde, elle rebondit sur l'actualité et la désinformation. Pour « son bien », elle peut aller jusqu'à enfermer l'humanité derrière les barreaux du lavage de cerveau, du lynchage de la vérité. La peur vient du Démon. Elle paralyse l'homme et gèle sa liberté. Ennemie jurée des fidèles, elle s'oppose à la foi.

Mes amis, rappelez-vous cet épisode houleux où les apôtres sont seuls dans la barque ballottée par les flots (Mt 14,24-31) :

> La barque était déjà à une bonne distance de la terre, elle était battue par les vagues, car le vent était contraire. Vers la fin de la nuit, Jésus vint vers eux en marchant sur la mer. En le voyant marcher sur la mer, les disciples furent bouleversés. Ils dirent : « C'est un fantôme. » Pris de peur, ils se mirent à crier. Mais aussitôt Jésus leur parla :

> « Confiance ! c'est moi ; n'ayez pas peur ! » Pierre prit alors la parole : « Seigneur, si c'est bien toi, ordonne-moi de venir vers toi sur les eaux. » Jésus lui dit : « Viens ! » Pierre descendit de la barque et marcha sur les eaux pour aller vers Jésus. Mais, voyant la force du vent, il eut peur et, comme il commençait à enfoncer, il cria : « Seigneur, sauve-moi ! » Aussitôt, Jésus étendit la main, le saisit et lui dit : « Homme de peu de foi, pourquoi as-tu douté ?

Partant de là, mes frères et sœurs grisonnants, rien d'étonnant que la peur ne fasse de vous qu'une bouchée ! Les fringants moutons de la bergerie du monde tombent tous dans ses panneaux. Alors vous, dépendants comme vous l'êtes, c'est pour elle un jeu d'enfant… Franchement, si on était à votre place, on ne ferait pas mieux. Mais alors, « vingt dieux », comme dirait l'autre, comment lutter ? Comment faire pour ne pas tomber dans les filets de cette Fée Carabosse déguisée en Petite Sirène ? La peur…

Avez-vous entendu parler de l'Esprit Saint ? C'est ce même esprit qui a transformé Pierre, qui avait trahi trois fois le Bon Dieu, en superhéros. Après sa résurrection, Jésus est apparu aux apôtres, aux disciples et à toute une flopée de gens pendant quarante jours au terme desquels, il lui a bien fallu monter au ciel pour retrouver son Père. Avant de prendre l'ascenseur pour le Paradis (l'Ascension), Il a souhaité faire un dernier cadeau à ses brebis. En soufflant sur ses apôtres, il leur a transmis son Esprit Saint commun au Père et à Lui. L'Esprit de Dieu qui donne la vie, ressuscite les morts et libère des chaînes de l'esclavage et de la peur. Ça s'est passé il y a deux mille ans, ça se passe encore aujourd'hui. La parole de Dieu échappe au temps et aux modes. Elle est intemporelle et immuable, c'est pour cela qu'elle est toujours d'actualité. Ça n'a rien d'anodin si les chapitres des Évangiles commencent toujours par « en ces temps-là ». Cette indication chronologique est à conjuguer à toutes les époques.

Comment détecter la marque de l'Esprit Saint? Là où le souffle de Dieu passe fleurissent la joie, la paix et une sacrée assurance! Lorsqu'ils reçurent l'Esprit de vérité, les apôtres coururent annoncer les merveilles de la Bonne Nouvelle à tous et à toutes, sans distinction. Pierre, le premier. Il se fit épingler par les grands prêtres et toute la clique du sanhédrin – les élites religieuses de l'époque. Ceux-là mêmes qui avaient voté pour la mort du Sauveur et qui avaient entraîné le peuple à faire de même sous peine d'être exclu du temple et emprisonné. Porté par le zèle et les ailes de l'Esprit, il leur dit à propos d'un miracle qu'il avait « commis » au nom de Jésus-Christ (Ac 4,7-12) :

> Pierre, rempli de l'Esprit Saint, leur déclara: « Chefs du peuple et anciens, nous sommes interrogés aujourd'hui pour avoir fait du bien à un infirme, et l'on nous demande comment cet homme a été sauvé. Sachez-le donc, vous tous, ainsi que tout le peuple d'Israël: c'est par le nom de Jésus le Nazaréen, lui que vous avez crucifié mais que Dieu a ressuscité d'entre les morts, c'est par lui que cet homme se trouve là, devant vous, bien portant. Ce Jésus est la pierre méprisée de vous, les bâtisseurs, mais devenue la pierre d'angle. En nul autre que lui, il n'y a de salut, car, sous le ciel, aucun autre nom n'est donné aux hommes, qui puisse nous sauver. »

Impressionnant venant de la part de celui qui a pris la poudre d'escampette par peur de se faire zigouiller... ! Alors les gars, elle est quand même balèze la puissance de l'Esprit, non?

La peur est à l'origine de biens de péchés! C'est par peur de manquer que l'on spécule et que l'on devient matérialiste; c'est par peur de ne plus plaire que l'on cumule les conquêtes; c'est par peur d'être asservi que l'on recherche le pouvoir, etc. Finalement, il y a quelques similitudes entre la peur et l'orgueil. L'orgueil veut prendre la main, la peur ne veut pas lâcher prise...

Le Saint-Esprit qui a affranchi Pierre, Paul, Jacques et tous les apôtres continue de nous libérer aujourd'hui. Avec lui, nous ne craignons rien et parlons toutes les langues du cœur. Avec lui, nous allons de l'avant et n'avons aucune crainte même si ce monde donne les chocottes... Et alors? C'est Dieu le plus fort! Avec lui, rien n'est impossible! Il explose les barrières, les déambulateurs et fait sauter les béquilles. Il remet l'homme à sa juste place: debout. Digne. Aimant et combattant. Oui, Dieu veut faire de nous des superhéros! Moi qui abrite un cœur de petite-fille et qui suis si sensible, je l'expérimente tous les jours. Le Très Haut fond d'amour devant nos fragilités. Il se glorifie dans nos faiblesses. Incompréhensible pour les « brebis à l'ouest » que nous sommes... Et pourtant, c'est ainsi!

Mes amis, si vous priez l'Esprit Saint de vous donner ses ailes, vous allez voler très haut et très loin. Le petit être rabougri et fatigué que vous êtes, qui traîne la patte comme la vie, va vite se transformer en superhéros:

« Super Vioque! Avec lui, c'est pas du toc! » Pourtant taillé comme une crevette, rien ne l'arrête. Son expérience centenaire fait de lui le roi de ses congénères. Il cumule les quarts de siècle comme d'autres les tickets resto et reste droit dans ses baskets. « Super Vioque », toujours là et même pas peur! C'est un jeune premier toujours prêt à rassurer et à protéger. Il veille sur sa famille, sur les autres vioques, sur les

aides-soignants et sur l'EHPAD tout entier. Tout le monde y passe ! Bien dans son assiette, rien n'échappe à la moulinette de Super Vioque ! Malgré sa double et redondante cataracte, il voit bien au-delà des apparences ! Son secret ? La prière… Son élixir de jouvence ? Les sacrements… Son assurance ? Sa foi en Dieu. Sa joie ? Se laisser aimer par lui et l'aimer. »

« Super Vioque », priez pour nous…

« Papy fait de la résistance »

Quel champ de bataille apocalyptique que notre bonne vieille terre, n'est-ce pas les vieux ? Et dire que le monde vous considère bien souvent comme des bons à rien, des poids que l'on traîne alors que vous êtes les vestiges, pour ne pas dire les remparts, d'une humanité en chute libre ! Enfin, faussement « libre »…

En réalité, vous n'avez jamais cessé de combattre. Vous êtes nés pour résister ! Envers et contre tout. À la surprise générale, vous survivez dans ce monde devenu pour vous un étranger. Au milieu des décombres de l'humanité, vous avancez perclus de doutes et d'appréhensions, car « le temps des cerises » s'en est allé, et avec lui, beaucoup d'êtres que vous avez aimés… Mais vous êtes toujours là, nom d'un petit bonhomme ! « Papy fait de la résistance » ! Alors que la planète change et s'agite au son des modes et des médias, vous restez imperturbables, égaux à vous-même.

« De mon temps, c'était différent… », dites-vous souvent.

Et comme vous avez raison ! Même si le mal et la mort nous collent aux basques depuis le péché originel – quand

Satan s'est payé notre pomme en entraînant Adam et Ève à pécher –, force est de constater que l'humain, lui, se volatilise : « Ouh, ouh, l'humain, où es-tu ? » On nous alerte sur la disparition des espèces : des Oiseaux, des Papillons, des Hérissons. Aujourd'hui, l'espèce la plus menacée se nomme l'Homme. L'Homme dans ce qu'il a de plus beau : sa dignité, son cœur et sa liberté. Ce cœur que même les anges du ciel nous envient. Le monde s'écroule et l'humain avec lui. L'Homo sapiens cède la place à l'Homo « ça coince » : l'Homme sans amour et sans moral. L'humain déserte l'Être. À la place du palpitant, une tablette ! Si au moins, c'était du chocolat, mais non ! Il n'est plus question d'amour, mais de profit et de technologie.

Grâce à Dieu, les vieux, vous êtes « hors système », positivement déconnectés. Tous ces trucs-là, la 3D, la 5G, « les tactiques », les TikTok, c'est le cadet de vos soucis. Ces plateformes numériques qui prolifèrent comme des rats, vous vous en moquez ! À part quelques exceptions, bien sûr. Les seules puces que vous traquez sont celles de votre chien :

« Médor, aujourd'hui, tu vas chez le toiletteur te refaire une beauté tandis que maman ira chez le coiffeur – mon gris-bleu tourne vinaigre ! »

Le fait de ne pas être connectés préserve votre regard et votre humanité. Vous êtes les guetteurs du monde, les passerelles du bon sens. Combien de fois, en plein conciliabule familial, alors que personne ne s'écoute et que tous veulent avoir raison, vous sortez la « phrase magique », celle qui clôture le débat ? Pour les grandes occasions, on vous sort avec la belle vaisselle du placard de l'oubli telles de vieilles poupées parquées dans un coin de vie :

« Les enfants, demain, c'est Noël ! N'oublions pas de sortir papy et de le déposer au pied du sapin, à côté du petit Jésus. Cela serait bêta d'oublier un santon… »

Au cours des discussions, on vous ignore, faisant souvent de vous des papys et des mamies transparents – « la magie » du mépris… Et comme parfois vous êtes malentendants et que vous répondez à côté de la plaque, on vous traite comme des gagas. Pas simple d'être un ancien… Combien de guerres avez-vous connues, combien d'époques avez-vous traversées ? Et ce changement radical de pensée et de mode de vie dans lequel nous glissons inexorablement… ? D'autres ont décidé pour nous. Une poignée de « gnomes » ont tranché pour l'Humanité. Des faux prophètes se sont levés ! Ils se nomment les *big data*, les GAFA, les gaffeurs, les tralalas ! Ils nous préparent doucement à abandonner la création de Dieu pour se fondre dans leur réalité virtuelle : les métavers.

Métavers (contraction de « méta » et « d'univers ») :

« Réseau d'environnements virtuels toujours actifs dans lequel de nombreuses personnes peuvent interagir entre elles et avec ces objets numériques tout en exploitant des représentations virtuelles – ou avatars – d'elles-mêmes. »

Pour faire simple, il s'agit de mettre en place un monde de fous ! Alors qu'il sera cloué au sol dans la maison de la peur, l'intrépide humain jouera les superhéros ! Grâce à son avatar, son faux double digital, il s'affranchira de ses propres limites, enjambant les barrières du temps, de l'espace et de la morale.

« Messieurs, imaginez un peu, au lieu de vous taper bobonne, sa chemise de nuit et ses bigoudis, vous roucoulerez en injustes – et adultérines – noces avec un petit lot tout frais et vermoulu ! »

Avec en prime, l'anonymat !

« Ni vu, ni connu, j't'embrouille ! Tout est possible… Je vais donner libre cours à mes fantasmes ! »

Au royaume du virtuel, ça compte pour du beurre… Sans doute se lèveront des esprits « bien-pensants » qui verront à travers ce diabolique subterfuge, ces plateformes d'incitation à la perversion, au lâcher-prise, à laisser parler la bête qui sommeille en nous, un moyen de limiter les transgressions ?

« Laisse-le, il se déverse dans son JE. Cela est plus saint d'évacuer les mauvaises pensées et les mauvaises énergies plutôt que de les stocker à l'intérieur de soi. »

Ce n'est pourtant pas ce que dit le Christ : *« Tout homme qui regarde une femme avec convoitise a déjà commis l'adultère avec elle dans son cœur. »* (Mt 5,28) Qu'il s'agisse d'une poupée de chair – une femme, hé, hé – ou d'une poupée virtuelle, l'intention du cœur reste la même. À confesse les gars ! Et Jésus de rajouter :

> « Si ton œil droit entraîne ta chute, arrache-le et jette-le loin de toi, car mieux vaut pour toi perdre un de tes membres que d'avoir ton corps tout entier jeté dans la géhenne. » (Mt 5,29)

Il serait préférable d'éviter de se jeter dans les méandres de cette double vie connectée dans laquelle *Mister D* – « D » comme Démon – veut nous propulser. Une fois la boîte de Pandore ouverte, ça sera trop tard… Alors que votre vrai « moi » décrépira et moisira dans la puanteur de l'esprit du monde, perdant tout sens commun et toute notion de bien et de mal, vous serez les héros d'un super jeu vidéo ! Voyez un peu ce que notre bon vieux monde nous concocte, bientôt, nous serons mangés à la sauce diable – « slurp, slurp, miam, miam… ! » Et cela, sans même que nous ne nous en apercevions. Le « savoir-faire » de la manipulation…

Les EHPAD traditionnels pourraient bien disparaître au profit d'EHPAD équipés, c'est-à-dire connectés. Au lieu de jouer aux petits chevaux, de faire une belotte tout en sirotant vos séries préférées, on vous collera des écrans plasma en prenant bien soin de recouvrir votre caboche d'un casque si hermétique que vous ne pourrez plus vous causer ! C'est tellement mieux de se taper la bavette avec des machines plutôt que d'échanger avec des humains ! Avec le manque de personnel, de moyens et surtout d'amour – de surcroît avec vous qui vivez toujours plus vieux –, ce recyclage humain se présentera tel du pain bénit. Le monde ne peut qu'exulter devant une telle opportunité !

Rendez-vous compte : au lieu de nous casser les pieds toutes les trois secondes avec vos demandes, vos inquiétudes et vos douleurs, vous serez propulsés dans un univers virtuel ! Carcéral certes, mais « libérateur » d'après leurs dires. En tout cas, on n'entendra plus parler de vous ! Plus besoin de changer vos couches mais vos programmes ! Vous ne serez plus collés à la télé mais projetés à l'intérieur de l'écran. Il ne sera plus seulement question de vous euthanasier, mais aussi de vous anesthésier. Vous les vioques et nous tous, vioques ou pas vioques. Robotisés, décérébrés, « avatarisés », perdus au tréfonds d'un rêve commun « au pays des merveilles ». Les hommes ne prendront plus ni la parole ni le maquis pour faire entendre leur voix, mais seulement leurs lunettes intelligentes – pas comme eux – pour se propulser dans une hallucination collective : « la réalité augmentée ». Le plus gros canular après celui que fit gober le serpent à Adam et Ève.

Pendant ce temps, les nouveaux né-vrosés maîtres du monde, de l'immonde e-monde, feront leur tambouille en prenant bien soin de rayer les espèces de leur programme. À commencer par vous, les vieux ! Quel bel avenir les « technocrates technologues », politiciens et autres prodiges du transhumanisme, les vendus à la cause de la Machine, nous préparent ! Une simulation de vie en 6D et en « ci-gît ». *Adios* l'Humanité ! Avec le premier covid, le second covid, le covid *ad vitam æternam*, les guerres, le dérèglement climatique, cosmique et humain, les ouragans, les tremblements de terre, les tsunamis, la banqueroute mondiale, les glissements de population, l'explosion de la violence, l'explosion de l'individualisme, le manque d'entrain à procréer – à quoi ça sert dans un tel monde ? –, l'abandon de la Vérité, la sécheresse des terres et des cœurs, la famine, la course à l'eau, « la globale dépression » et le *bunker* de la peur dans lequel l'homme s'installe chaque jour un peu plus, nul doute que « les honnêtes gens » qui dirigent, digèrent, désagrègent la Terre arriveront à leurs « faims »… !

Force est de constater que Satan est au taquet. Il s'en donne à cœur joie et fait feu de tout bois. En bon petit pervers narcissique qu'il est, il va même jusqu'à brouiller les cartes de la Création ! Jusqu'à gommer la frontière entre les espèces, les genres, les natures, les sexes, et même entre le Vivant en tant que créature de Dieu et la Machine. Il va jusqu'à s'attaquer à notre identité :

« Comment je m'appelle ? Suis-je un homme, une femme, un poisson rouge ou bien une boîte de conserve ? À moins que je ne sois un poireau, voire une huître ?? Tout est relatif après tout ! Aucune nature ni vérité ne sont définies à l'origine. Mieux vaut être bi (polaire) que binaire. Mon Créateur se nomme-t-il Dieu, ou bien l'Algorithme Suprême ? Suis-je réel ou bien suis-je l'avatar ou le clone d'un plus grand que moi ? Euh…, pas simple tout ça. J'ai mal aux connexions. Tiens, je vais aller me laver le cerveau – comme si ce n'était pas déjà fait – sur Méta-stase avec d'autres avatars, histoire de décompresser… »

Et vous les vieux, perdus au milieu de tout ce bazar ! Livrés aux mains de ce monde qui a perdu la boule… La Terre a la tête au carré, elle ne tourne plus rond. C'est à ne plus rien y comprendre ! Rappelez-vous la fois où vous aviez offert à votre petit-fils un garage pour ses huit ans et qu'il a fondu en larmes parce qu'il désirait une coiffeuse ! La même que celle de Barbie… Et votre petite-fille qui vous annonce du haut de ses onze ans qu'elle veut changer de sexe ?! Faut dire qu'avec sa mère, elle est à bonne école : quitter votre fiston pour un transsexuel gothique ! Au moins, vu qu'ils partagent le même *look*, ils feront des économies de fringues ! Les économies, c'est précieux. Entre les taxes, l'inflation, le rationnement – pour les pauvres –, la carence de matières premières, faudra se serrer la ceinture. Sans parler des coupures d'électricité… À quoi pourrait bien ressembler un EHPAD dans la pénombre ? À un tombeau ? Et un asile psychiatrique, tiens… Tandis que la planète se désagrégera tout comme son cœur, que d'abominables lois passeront en même temps que lui, l'Homme jouera à la marelle dans son e-monde royaume parallèle. Elle n'est pas belle la vie ?!

Les vieux, c'est le moment ou jamais de rester fermes ! Continuez à être ces vaillants résistants que vous n'avez jamais cessé d'être ! De votre temps, c'était autre chose… Tu m'étonnes !

« Les *jounes* », qu'en pensez-vous ? La rébellion était-elle toujours l'attribut de la jeunesse ? Allez-vous rester les bras croisés tandis que la société vous prend pour des benêts ?

À bon entendeur, salut !

« Tatie Danielle » and Co

Brèves de comptoir d'EHPAD…

« La Terre, elle peut bien exploser, qu'est-ce que vous voulez que ça me foute ! » s'exclamait Mme Louisette le groin collé à la télé, un filet de colère au coin des lèvres.

L'heure de l'audimat battait son plein, tandis que le *Journal télévisé* sévissait. Au menu, d'insoutenables images de guerres en son et lumière et corps déchiquetés. De quoi agrémenter la peur des anciens, déjà traumatisés par la vieillesse et leurs propres combats. Le *JT* ou bien le poison dissimulé :

« Les gars, tout ce que l'on souhaite, c'est vous plonger et vous maintenir dans la peur ! Les vieux et les moins vieux, parole de médias et de politiciens. Comme cela, on fait de vous ce que l'on veut…

— Ben alors, Louisette, que vous arrive-t-il ? Vous avez mangé du lion aujourd'hui ? rétorqua l'aide-soignante pakistanaise en déposant le dessert sur la petite table surplombant son fauteuil roulant.

— C'est quoi ce machin ? Ça a l'air dégueulasse ! surenchérit la petite dame.

— C'est la tarte aux pommes cannelle, celle que vous aimez…

— Beurk ! dit en renfort Proserpine en prenant place à côté de Louisette. Ce bidule est avarié ! Vise la gueule des pommes : ratatinées comme nos tronches ! Hi, hi, hi…

— Parle pour toi ma vieille… balança, cinglante, sa copine torpille. Je t'avais bien dit qu'elle cherchait à nous empoisonner l'Indienne ! murmura-t-elle à son oreille. Tout ce qu'ils veulent ces sales migrants, c'est prendre notre place ! »

Louisette se tourna vers l'aide-soignante, le regard pétillant de méchanceté.

« Tiens regarde ce que j'en fais de ton gâteau qui est aussi tarte que toi… »

La vieille dame jeta la tarte sur les chaussures de la jeune femme, un sourire victorieux aux lèvres.

« Oh, pardon… Elle m'a glissé des mains ! » minauda-t-elle, le groin aussi fourbe que ses paroles.

La soignante soupira et s'accroupit pour nettoyer. Malgré son jeune âge, elle connaissait les anciens et savait que leurs coups de griffes n'avaient pour la plupart rien de méchant. Tels des enfants laissés sur le carreau par la vie, ils s'exprimaient par contre réactions. C'était leur façon de manifester leur mécontentement lié à leur état de dépendance. Plus ils gueulaient, plus ils avaient le sentiment de se faire entendre et d'exister. Et de se faire respecter… Leur autorité et leurs revendications n'étaient que la conséquence de leurs peurs et de leurs souffrances. Concernant Louisette, il en était tout autrement. Elle était tout simplement mauvaise. Elle n'avait cessé de pourrir ses semblables. « Jeune garce, vieille garce »… Avant d'être placée en maison de retraite, elle avait passé ses vingt dernières années – pour ne pas dire sa vie entière – à martyriser, Émile, son fils cadet, le seul qui s'était occupé d'elle. Dernier d'une fratrie de six gars, il ne l'avait jamais lâchée. Le pauvre bougre était allé jusqu'à renoncer à sa propre vie. Jusqu'à y laisser sa peau.

Le 14 juillet 2023, lorsque Louisette vit les pompiers emporter le cadavre de son fiston, elle vécut cela telle une trahison et lui cria dessus comme à l'accoutumée :

« Émiiile, qu'est-ce que tu fouuus !!! »

D'origine bretonne, elle n'avait ni sa langue, ni sa canne dans sa poche. Quelques heures avant son décès, elle lui avait joué la même sérénade. Les journées, comme les nuits, étaient orchestrées par des doubles croches, accroches, griffes d'« Émile, qu'est-ce que tu fous ? »

« J'arrive, maman ! avait répondu du premier étage son fiston, le dernier jour de sa vie.

— Émiiiiiiiiiile !!! » redoubla d'énergie l'entité de 98 balais.

Les yeux encore collés par le sommeil, Émile, « la cible », partit au combat le cœur battant. Afin de ne pas perdre une minute – chaque seconde était comptée –, il descendit précipitamment les escaliers. Dans sa course folle, il rata une marche et tomba. De « son trône lit médicalisé », la reine mère lui jeta un regard méprisant.

« Tu n'es vraiment bon à rien ! Pas même à descendre correctement un escalier… Pas même à garder une épouse !

— Maman, si j'ai divorcé, ce n'est peut-être pas un hasard… », osa le fiston dans sa barbe.

Sa mère, mal à l'aise, coupa court.

« Pourquoi m'as-tu laissé dormir si tard ? Je sais bien que tu veux te débarrasser de moi pour faire tes petites affaires mais tout de même… Tu n'as pas honte de laisser ta pauvre vieille mère dans son lit de douleur, souillée comme un goret ?

— Maman, il est trois heures du matin…

— Pshit, il n'est pas “trois heures” mais quinze heures !

— Maman, il est trois heures, je te dis… », lâcha le pauvre bougre en prenant soin de mettre sa main sur la bouche afin de masquer un bâillement.

Chaque marque de fatigue était passible d'injures… Sur les « tables de la loi matriarcale », la fatigue était un délit car considérée comme un manque de respect envers sa souveraineté.

« Comment oses-tu tenir tête à ta pauvre mère ? Tu veux me rendre folle, c'est ça ? Hein ? Tu crois que je n'ai pas remarqué toutes tes manigances ? Tu n'as qu'une idée en tête, c'est de te taper la voisine !

— Enfin maman, qu'est-ce qu'il te prend ?

— Un bestiau en rut ! Tu me rappelles ton défunt père, toujours prêt à sauter sur tout ce qui bougeait ! Là où il est maintenant, il a arrêté de faire le malin… Bien fait ! conclut-elle en frappant le sol avec sa canne.

— Bon, maman, je retourne me coucher… » murmura son fils avant de prendre congé. L'esclave remonta péniblement les escaliers, laissant sa mère dans ses douces pensées.

« Bon, maman, je retourne me coucher… », parodia à voix basse la tortionnaire.

Comment l'effronté avait-il osé lui tenir tête ?! D'où tenait-il une telle arrogance ? Sans doute d'une nouvelle maîtresse !

« Tout le portrait de son père ! », radotait sa vieille haine des hommes.

Tout ce qui l'intéressait, c'était de croquer son héritage ! Son fiston était un couard. Seule une greluche pouvait ainsi lui donner confiance. Les femmes sont des détecteurs de présence de billets de banque ! Toutes des garces, sauf elle, Louisette. Trop impatiente de rafler le magot, l'insolente le montait à bloc contre sa vieille mère si démunie! Ce que la catin ignorait, c'est qu'elle avait déshérité son fils. Son petit dernier…

« Une raclure tout comme son patriarche! Hé, hé, bien fait pour lui et pour la grue! »

Louisette projetait, non sans une certaine délectation, le moment où ils apprendraient la « triste » nouvelle. Non pas celle de son décès mais celle où ils découvriraient qu'elle ne leur a rien laissé!

Lorsque le petit monta les marches de la désobéissance pour l'abandonner à sa pauvreté, elle s'empara de son poudrier en cristal vénitien et lui balança dessus. Émile fut touché en bas du dos. Habitué aux coups et blessures de l'âme, son fiston – âgé d'une soixantaine d'années – termina l'ascension des marches de la libération sans même se retourner. Ce soir-là, il plongea dans son lit et rendit l'âme comme on rend les armes. Le médecin qui constata sa mort attribua la cause de son décès à un arrêt cardiaque. Ce qu'il ignorait, c'est que le cœur d'Émile avait cessé de battre depuis déjà bien longtemps.

Ce satané 14 juillet fit tomber sur la reine mère le couperet: « À la maison de retraite, gente dame, vous irez! »

« Louisette, vous dépassez les bornes…, s'écria la Pakistanaise en nettoyant ses chaussures.

— La petite a raison! intervint Simone, les mains collées à son déambulateur comme à un revolver. C'est pas parce que t'es vieille et moche et que t'es sur un fauteuil roulant que ça te donne le droit d'être mauvaise comme une teigne!

— Ha! ha! ha! » s'esclaffa Proserpine, trop contente qu'une pensionnaire ose tenir tête à son dragon d'amie. Si elle avait prêté allégeance à sa cause, c'est parce qu'elle ne souhaitait pas d'ennui. La vioque était la terreur de la maison de retraite. Même les hommes marchaient au pas de ses incessantes menaces.

« Et toi, ça te fait rire ?! beugla la vieille kaïra en brandissant son harpon ramasse truc dans la direction de Proserpine.

— Faut dire que c'est bien envoyé ! redoubla-t-elle d'insolence.

— Tu vas voir ce que, moi, je vais t'envoyer, laideron… »

Miss torpille s'empara de la part de tarte du pensionnaire d'à côté et la balança en pleine poire de Proserpine qui esquiva le coup de justesse. La pauvre tarte finit sa course folle sur la casquette de M. Jules, un artisan boucher à la retraite. Des bruits de mouroir circulaient comme quoi il était le descendant direct du couple d'aubergistes meurtriers. Ceux qui en leur temps défrayèrent la chronique. Leur table, *L'Auberge Rouge*, fit le tour des gazettes du monde entier. On en fit même un film avec Fernandel. Les plus fins gourmets jouaient des coudes pour déguster la spécialité de la maison, un saucisson au goût inimitable. Et pour cause : il était fait à base de chairs humaines ! Un pur délice aux dires des habitués. Lorsque l'affaire éclata au grand jour, beaucoup d'entre eux en devinrent végétariens.

Jules enleva délicatement sa casquette souillée – un cadeau de son grand-oncle sur l'échafaud avant de se faire guillotiner – et la posa devant lui. Il sortit de la poche de son veston un mouchoir à carreaux usagé. Il se nettoya le visage en dévisageant Louisette. Un silence pesant recouvrit les lieux. *Il était une fois dans l'Ouest* parisien. Pour un peu, on se serait cru dans un *western* spaghetti. Charles Bronson pouvait débarquer à tous moments… Les pensionnaires s'écartèrent. Mieux valait ne pas se trouver sur leur trajectoire : ces deux-là étaient des durs à cuire, de fines gâchettes… Ils maîtrisaient les balles verbales tel Lucky Luke, le colt. La tension était à son comble quand soudain le générique de *Qui veut gagner des millions* sonna du clairon, délivrant ainsi les pensionnaires du pugilat. Mais les choses ne s'arrêtèrent pas là. L'affaire finit au Tribunal céleste lorsque l'un et l'autre rendirent l'âme. Quant au jugement, il n'appartient qu'à Dieu…

Les aidants ou les martyrs anonymes

« Sévices au pays des merveilles » ! Tous aux abris ! Il vient d'ouvrir les yeux, le vieux…

Mes chers frères et sœurs aidants, si seulement le monde savait ce que vous portez ! Quant à vos familles, n'en parlons même pas :

« Désolé, mais moi, j'ai une vie, pas le temps de m'en occuper !

— Ah bon, et moi, heu… comment dire, je n'ai pas de vie ? Suis-je un ectoplasme ? Qui sait après tout… »

Il peut arriver à certains anciens d'en faire baver des ronds de chapeaux à leur entourage. En effet, personne ne peut imaginer ce que vous portez quand le spécimen dont il est question n'est pas toujours de tout repos. C'est coton, comme dirait l'autre. Surtout lorsque celui-ci a dépassé la barre des quatre-vingt-cinq ans… Aussi merveilleux soit-il, il arrive au zozio de mordre la main de celui qui lui donne la becquée. Impatient, il est parfois irascible. Il n'a pas sa langue dans la poche et excellence en l'art de la critique facile. Il trouve toujours quelque chose à redire, voire à médire… Insatisfait, il en veut toujours plus et ne connaît pas de limite, comme les enfants : « *Fais ci, fais ça, y a qu'à* »… « *Et que ça saute !* » Si par mégarde l'aidant – son fils, sa fille, son époux, sa femme, sa sœur, sa petite-fille, l'ami, le voisin…, ledit « martyr » – ne répond pas au coup de sifflet, il a droit à la théorie du hochet. Propre à « l'enfant roi », cette théorie du hochet consiste à harceler l'autre jusqu'à ce qu'il exécute la volonté dudit enfant roi. Il l'épuise jusqu'à le faire capituler. Si par malheur le poupon tombe son hochet par terre, il faut le ramasser sur-le-champ et le lui redonner à l'instant même ! Nul délai n'est accordé. C'est tout de suite, maintenant. *Idem* avec la personne âgée. Si le proche tarde à lui obéir, cela peut conduire à une guerre psychologique des plus redoutables. Doté d'une détermination ainsi que d'une endurance à nulle autre pareille, « le vieil enfant roi » – l'ancien – aura, quoi qu'il en soit, le dernier « maux ». Il est la victime, vous êtes le bourreau. Le harcèlement ou la paix, à vous de trancher… La suspicion est sa seconde peau. En perte d'estime et de confiance en lui, l'ancien doute de tout. De lui et des autres. Il lui arrive de flirter avec la paranoïa, cultive parfois de faux souvenirs, s'emmêle les pinceaux et le cœur. « Les méchants » deviennent les « bons », les bons, les méchants :

« Ton cousin [celui-là même qui ne vient jamais le voir] est patient, lui ! Il a meilleur cœur que toi ! C'est une honte ce que tu fais subir à ton pauvre père ! Si les autres savaient, on te mettrait en prison ! Hum, c'est pas faute d'avoir prévenu les gendarmes mais, que veux-tu, même eux refusent de me croire… »

Oui, vivre aux côtés d'un ancien n'est pas de tout repos. S'occuper de lui, être au taquet est loin d'être une chose aisée. Mais rappelons-nous les paroles du Christ (cf. Mt 25,35-45) :

« J'avais faim, j'avais soif, j'étais malade, j'étais prisonnier – j'étais vieux – et tu n'es pas venu(e) me visiter… »

C'est là où nous sommes, dans la vie qui est la nôtre, que le Maître attend notre réponse. Il n'est pas nécessaire de se rendre en maison d'arrêt pour rencontrer des prisonniers. La vieillesse est une prison loin d'être dorée. L'âme, l'esprit, le cœur n'ont pas d'âge. Comme cela doit être éprouvant lorsque l'être tout entier se retrouve incarcéré dans un vieux corps ! Encerclé par les douleurs, en prise avec la peur, avec comme seule certitude la mort, comment ne pas péter un câble ?! Et ce dépouillement, cette dépendance dans lesquels l'âge plonge inexorablement l'humain dans l'eau frémissante de la décrépitude… Ouais, certains vieux sont casse-pieds, relous, mais que ferions-nous à leur place ? Les pauvres, leurs journées sont un chemin de croix quotidien. C'est là que doivent intervenir notre foi et notre amour du prochain. C'est là que nous devons faire preuve de patience et de miséricorde. Dieu est infini dans sa miséricorde, mais il est aussi un Dieu de justice d'où le sens de notre venue sur terre : faire ses preuves d'amour envers lui et envers les autres – même les vieux « relous »… Peut-être que le vieux casse-pieds dont vous vous occupez est frappé par le spectre de l'Alzheimer, du Parkinson ou de la démence sénile sans que vous ne le sachiez – ou que vous n'osiez le reconnaître ? Alors quoi, on pardonnerait un crime à un assassin qui serait sous l'emprise de la folie et pas à un vieux qui travaille du chapeau ?!

Mon frère et ma sœur aidant, toi qui te démènes et sacrifies ta vie pour « le frère vieillissant », ne regrette pas ce que tu fais. « Ton Père qui voit dans le secret te le rendra » (Mt 6,4). Lorsqu'il s'agit d'un parent, redouble bien de patience, d'amour et d'attention. Rappelle-toi ce qu'il a fait pour toi, avant… C'est le premier à s'être sacrifié… Il a passé ses vertes années à veiller sur toi. Toi aussi, à ta manière, tu étais un gros relou… Profite de lui tant qu'il est vivant car de papa et de maman, on en a qu'un. N'attends pas qu'il soit trépassé pour lui témoigner ton affection et lui dire que tu l'aimes. Et n'oublie pas de lui dire merci. Quand il sera de l'autre côté, ne garde pas en tête ce qu'il t'a fait subir à la fin de sa vie mais garde en cœur tout l'amour qu'il t'a donné. Bénis-le, prie pour lui. Si tu fais partie de La bande à Jésus, offre des messes pour le pardon de ses péchés, pour que son âme trouve le repos. Comme cela, tu continueras à l'aimer et pas qu'un peu : tu l'aimeras « en vérité ».

Saint Paul apôtre écrit aux Corinthiens (et à nous tous) :

> « J'aurais beau parler toutes les langues des hommes et des anges, si je n'ai pas la charité, s'il me manque l'amour, je ne suis qu'un cuivre qui résonne, une cymbale retentissante. J'aurais beau être prophète, avoir toute la science des mystères et toute la connaissance de Dieu, j'aurais beau avoir toute la foi jusqu'à transporter les montagnes, s'il me manque l'amour, je ne suis rien. J'aurais beau distribuer toute ma fortune aux affamés, j'aurais beau me faire brûler vif, s'il me manque l'amour, cela ne me sert à rien. L'amour prend patience ; l'amour rend service ; l'amour ne jalouse pas ; il ne se vante pas, ne se gonfle pas d'orgueil ; il ne fait rien d'inconvenant ; il ne cherche pas son intérêt ; il ne s'emporte pas ; il n'entretient pas de rancune ; il ne se réjouit pas de ce qui est injuste, mais il trouve sa joie dans ce qui est vrai ; il supporte tout, il fait

confiance en tout, il espère tout, il endure tout » (1Co 13).

Toi, l'aidant qui me lis, je suis ta soeur de cœur... Courage. Et quand ton vieux sera passé de l'autre côté, tu seras en paix car jamais tu ne l'auras abandonné. Tu auras tenu bon jusqu'au bout. Pour toi, ça sera des pluies de grâces et de bénédictions : celles que le Seigneur fera tomber sur toi et celles de ton vieux trépassé qui priera pour toi. Même si à la fin de sa vie, il t'a pourri, maintenant du ciel, il te bénit... Dieu a permis que tu sois auprès de lui, non seulement pour veiller sur lui mais aussi pour te permettre de cheminer, d'aller plus loin dans le don de ta personne. Réfléchis bien à tout ce que le Seigneur a pu t'enseigner par ta mission d'aidant. Tu verras, tu seras épaté ! Comme dit saint Paul : « Toutes choses concourent au bien de ceux qui aiment Dieu » (Rm 8,28). En portant la croix à ses côtés, c'est le Christ lui-même que tu as aidé. Toi, le « Simon de Cyrène » et d'ailleurs...

Toi qui as dû te résigner à mettre un parent en EHPAD, ne culpabilise pas. Si tu l'as fait ainsi, c'est que tu ne pouvais pas faire autrement. Va voir ton père, ta mère, ton grand-père, ta grand-mère, ta tante, ton oncle, le plus souvent possible. Prends-le avec toi le week-end, essaie de l'emmener en vacances. Certes, avec pépé ou mémé l'ambiance sera moins glamour mais tu feras un acte de charité et d'amour. Et aucun acte d'amour n'est perdu... Pour toi, cela se limitera à un effort ponctuel, pour lui, c'est toute sa vie qui sera suspendue à cette sortie. Tel un prisonnier, il comptera les jours guettant le moment de la libération. Ses journées seront transfigurées à la pensée de te retrouver. N'oublie pas que tu es ici-bas pour aimer. « La mesure qui te sert pour les autres servira aussi de mesure pour toi… » (Mt 7,2)

Si ton parent est « parti », ne te laisse pas ronger par la culpabilité et le regret. C'est là que Satan t'attend. En te plongeant dans la tristesse et l'angoisse, il te pousse au péché. N'oublie pas : c'est dans le désert que le Serpent vient nous trouver… Mais toi, relève-toi et profite d'être toujours en chemin pour dire à ton vieux combien tu l'aimais. Et prie pour lui. C'est de cela dont il a besoin aujourd'hui…

Chapeau, les vieux !

Ces quelques lignes, mes chers amis grisonnants, pour vous témoigner mon amour, mon respect et mon admiration. Les soignants, les aidants et vos proches, peu importe leur investissement et leur empathie à votre égard, sont bien loin d'évaluer votre croix et le bois du supplice dont elle est composée. Pour approcher le calvaire que vous vivez, il faut le partager, le vivre à vos côtés. Dans cette ultime partition que vous jouez, il semblerait que le bonheur soit consigné. Quelle terrible maladie que la vieillesse, elle suscite bien des pathologies : mépris, indifférence, exaspération. Trop d'épreuves et d'humiliations vous poussent au repli. Comme une bougie en fin de vie, vous vous éteignez petit à petit. Votre caractère change telles les quatre saisons. Vous devenez soupe au lait, tatillon, parfois même grognon. Lentement, vous sortez des discussions. À quoi bon faire des efforts, personne ne vous écoute. Et cette légèreté teintée d'indifférence dont votre entourage fait preuve…

Vous êtes là mais devenez de plus en plus transparent. Vous finissez par vous renfermer sur vous-même et tombez dans l'agacement. Vos proches deviennent pour vous des étrangers. Comment font-ils pour continuer leur vie comme si de rien n'était alors que vous êtes là à souffrir sous leurs yeux ?! Seraient-ils monstrueux ? Mon cher ami, rappelle-toi durant tes vertes années, tu te comportais comme eux. Tu faisais des projets, tu espérais… tu vivais. Aussi douloureuse soit elle, chaque expérience est personnelle. Ta famille est bien loin d'imaginer ce que tu traverses. Ce que tu peux prendre pour du « je-m'en-foutisme » ou de la dureté n'est peut-être que de l'ignorance… ou de la protection. Ils ne savent pas ce que tu passes. Comment pourraient-ils être au courant de tes tourments sans eux-mêmes être passés par là ? Toi, l'ancien qui as le sentiment d'être traité comme un chien, ne t'enferme pas dans le jugement et l'amertume. N'oublie pas, le Cornu rôde, il guette le moindre de tes faux pas. C'est ton éternité que tu joues. Même si ta vie te semble derrière, tout reste à faire. C'est maintenant que tout se passe.

La « Passion » selon les vieux !

Après m'avoir trahi, jugé, condamné pour un délit que je n'ai pas commis – la vieillesse est-elle un crime ? –, me voici maintenant entre quatre murs, et bientôt entre quatre planches. Ma seule faute ? Avoir vécu trop longtemps… Et pourtant, durant toutes ces années, je n'ai fait qu'essayer de faire de mon mieux. Combien de nuits blanches ai-je passées, combien de sacrifices et d'emprunts à la vie ai-je faits pour qu'au final, l'on ne me fasse plus crédit ?! Le décompte de l'âge effacerait-il l'ardoise de l'amour ? Mes enfants, mes petits-enfants, seraient-ils frappés « d'âme-nésie » ? Auraient-ils perdu leur âme au cours de leur vie ?

Ils m'ont pris de force et m'ont arraché à mon existence pour un lieu, disent-ils, « meilleur », un lieu bon, un lieu adapté. Adapté à quoi ? Au malheur d'être vieux ? »

« À ton grand âge père grand ! Enfin voyons, tu sais bien que nous ne souhaitons que ton bonheur papa, maman et moi…

— Mon bonheur ? Est-ce cela mon bonheur que d'être extirpé de ma maison, de ma vie, de mes repères ?

Ne sais-tu pas que les aînés s'accrochent à leur habitat, à leurs habitudes ainsi qu'à leurs souvenirs ? Pourquoi donc s'acharner à me déraciner de mon milieu ambiant, de mon zeste de vie ? En plus, je suis en bonne santé !

— Papy, fais-nous confiance : l'EHPAD est la meilleure solution pour toi.

— Pourquoi chercher une solution alors qu'il n'y a pas de problème ?

— Mais si Pépé, il y a un problème… et ce problème, c'est toi. »

J'ai fait de la résistance tant que j'ai pu jusqu'à ce maudit jour où la nuit s'est levée pour ne plus me quitter. Le jour où ils m'ont « placé »…

1re station :

Les peurs s'accumulent en même temps que les douleurs, tandis qu'un cumulus de ras-le-bol, porté par un net vent d'abandon, provenant du crépuscule de la vie, s'arrête au-dessus de moi. Est-ce l'œil du cyclone ? « Que nenni ! » répond ma traître vie.

2e station :

Une chute… Une saloperie de chute m'a fait tomber ! Me voilà soudainement diminué. Je ne comprends pas ce qu'il s'est passé : moi, habituellement si alerte, j'ai glissé. En réalité, c'est comme si le sol se dérobait sous mes pieds. Ils doivent me faire passer des examens…

3e station :

Je ne parviens plus à marcher, ni à parler ! Désormais, chaque pas est un chemin de croix…

4e station :

Il semblerait que les résultats ne soient pas bons. Je dois faire de nouveaux examens plus approfondis.

5e station :

J'avance avec la nette impression d'être la dernière roue de la charrette. Le personnel médical et les médecins me prennent de haut. Ils ont pour moi la plus grande déconsidération. Pourquoi une telle dureté et un tel mépris dès lors que nous avons les cheveux gris ?

6e station :

La nouvelle est tombée, l'abominable compte rendu a parlé : « Cancer des os », avec en prime une tumeur au cerveau. Il ne me reste que quelques semaines à vivre, voire, quelques jours… Laissez-moi rentrer à la maison ! C'est chez moi que je désire partir…

7e station :

Sur mes quatre enfants, un seul est venu me visiter, le cadet. Paraît que les autres sont occupés. C'est la rentrée des classes, les cahiers passent en premier… On me garde de force à l'hôpital.

8e station :

C'est la rentrée des crasses : alors que je ne suis pas même encore « parti », ils se crêpent le chignon pour savoir qui aura le pognon.

9e station :

Ils me traitent tel un gaga alors que je dispose de toutes mes facultés. Mon cœur fonctionne correctement, ce qui ne semble pas être leur cas… Arrêtez donc de m'humilier ! J'ai tous envie de vous corriger… Dieu, que t'ai-je donc fait ?! Toi, le Tout-Puissant, pourquoi donc me laisser dévorer par tant de souffrance et d'humiliation ?

10e station :

Que m'arrive-t-il ? Moi qui étais un modèle de courage, de dignité et de volonté, voilà que maintenant, je deviens incontinent… Quelles sont donc ces femmes armées de couches et vêtues de blanc ? De quel droit s'autorisent-elles à disposer de mon corps comme d'un *sex toy*? Chacun de mes membres – particulièrement le plus intime – n'a appartenu qu'à une seule et même personne : ma Germaine, mon épouse devant Dieu.

Elles me dépouillent de mes vêtements et m'ôtent ma dignité. Aucune d'entre elles n'a la moindre parole de réconfort à mon égard. Elles se racontent leurs vacances et comparent leur bronzage comme si j'étais invisible… Je ne suis pas un légume, je suis un homme !

11e station :

Je ne peux plus rien avaler : les aliments suivent un mauvais parcours – comme moi dans ma chienne de vie ! Si c'était à refaire, je ferais autrement…

12e station :

On me change de service, j'intègre les soins palliatifs. Me voilà « entubé » dans tous les sens du terme. Ils me gardent prisonnier à l'hôpital…

13e station :

On m'a encore changé de « sévice » : me voici désormais au sous-sol dans un caisson frigorifié. Mon âme ne repose pas en paix…

« Seigneur, Seigneur, pourquoi m'as-tu abandonné ? »

Évangile de Jésus-Christ selon Marc et Luc (Mc 14, 36-37 / Lc 22, 44) :

> « Mon âme est triste à mourir ! Entré en agonie, Jésus priait avec plus d'insistance, et sa sueur devint comme des gouttes de sang qui tombaient sur la terre. Abba… Père, tout est possible pour toi. Éloigne de moi cette coupe. Cependant, non pas ce que moi, je veux, mais ce que toi, tu veux ! »

Isaïe (50, 52, 53) :
« J'ai présenté mon dos à ceux qui me frappaient, et mes joues à ceux qui m'arrachaient la barbe. Je n'ai pas caché ma face devant les outrages et les crachats. Le Seigneur mon Dieu vient à mon secours ; c'est pourquoi je ne suis pas atteint par les outrages, c'est pourquoi j'ai rendu ma face dure comme pierre : je sais que je ne serai pas confondu. La multitude avait été consternée en le voyant, car il était si défiguré qu'il ne ressemblait plus à un homme ; il n'avait plus l'apparence d'un fils d'homme. Méprisé, abandonné des hommes, homme de douleurs, familier de la souffrance, il était pareil à celui devant qui on se voile la face ; et nous l'avons méprisé, compté pour rien. En fait, c'étaient nos souffrances qu'il portait, nos douleurs dont il était chargé. Et nous, nous pensions qu'il était frappé, meurtri par Dieu, humilié. Or, c'est à cause de nos révoltes qu'il a été transpercé, à cause de nos fautes qu'il a été broyé. Le châtiment qui nous donne la paix a pesé sur lui : par ses blessures, nous sommes guéris. Nous étions tous errants comme des brebis, chacun suivait son propre chemin. Mais le Seigneur a fait retomber sur lui nos fautes à nous tous. Maltraité, il s'humilie, il n'ouvre pas la bouche : comme un agneau conduit à l'abattoir, comme une brebis muette devant les tondeurs, il n'ouvre pas la bouche. Arrêté, puis jugé, il a été supprimé. Qui donc s'est inquiété de son sort ? Il a été retranché de la terre des vivants, frappé à mort pour les révoltes de son peuple. On a placé sa tombe avec les méchants, son tombeau avec les riches ; et pourtant il n'avait pas commis de violence, on ne trouvait pas de tromperie dans sa bouche. Broyé par la souffrance, il a plu au Seigneur. S'il remet sa vie en sacrifice de réparation,

> il verra une descendance, il prolongera ses jours : par lui, ce qui plaît au Seigneur réussira. Par suite de ses tourments, il verra la lumière, la connaissance le comblera. Le juste, mon serviteur, justifiera les multitudes, il se chargera de leurs fautes. C'est pourquoi, parmi les grands, je lui donnerai sa part, avec les puissants il partagera le butin, car il s'est dépouillé lui-même jusqu'à la mort, et il a été compté avec les pécheurs, alors qu'il portait le péché des multitudes et qu'il intercédait pour les pécheurs. »

« *Éli, Éli, lema sabactani* – mon Dieu, mon Dieu, pourquoi m'as-tu abandonné ? », crièrent sur la croix Jésus, Pierre, Raymond, Suzy, Marcelline, la Sans-Nom, Gabin, Miss Daisy, toi, et tant d'autres…

Trois jours après : Pâques

Le tombeau est vide. Christ est ressuscité ! Les jours de la passion s'en sont allés. Voici venir le temps de la Résurrection, du bonheur et de l'Amour !

« Mort, où est ta victoire ? »

Confiance les vieux et tous les autres ! C'est Dieu le plus fort ! Le meilleur reste à venir…

Debout les vieux : vous êtes l'armée du Bon Dieu !

Dans « La bande à Jésus », il y a de la place pour tout le monde. Sa porte est ouverte à tous les cœurs de bonnes volontés : les jeunes, les vieux, les bien portants, les handicapés, les gravures de mode, les laiderons, les pécheurs, les sauvés. Vous ne savez pas quoi faire de votre vie, vous devenez un boulet pour vous-même ? Ça tombe bien, le Seigneur recrute ! Ne vous inquiétez pas, lui saura quoi faire de vous. Avec Dieu, la retraite n'existe pas, les 35 heures, c'est par jour ! Avec le Bon Dieu, pas de voie de garage, juste des pistes de décollage. Il n'y a pas d'âge pour le servir, en témoigne l'Évangile (Lc 2,25-38) :

> « Il y avait à Jérusalem un homme appelé Syméon. C'était un homme juste et religieux, qui attendait la Consolation d'Israël, et l'Esprit Saint était sur lui. Il avait reçu de l'Esprit Saint l'annonce qu'il ne verrait pas la mort avant d'avoir vu le Christ, le Messie du

> Seigneur. Sous l'action de l'Esprit, Syméon vint au Temple. Au moment où les parents présentaient l'enfant Jésus pour se conformer au rite de la Loi qui le concernait, Syméon reçut l'enfant dans ses bras, et il bénit Dieu en disant : "Maintenant, ô Maître souverain, tu peux laisser ton serviteur s'en aller en paix, selon ta parole. Car mes yeux ont vu le salut que tu préparais à la face des peuples : lumière qui se révèle aux nations et donne gloire à ton peuple Israël." Le père et la mère de l'enfant s'étonnaient de ce qui était dit de lui. Syméon les bénit, puis il dit à Marie sa mère : "Voici que cet enfant provoquera la chute et le relèvement de beaucoup en Israël. Il sera un signe de contradiction – et toi, ton âme sera traversée d'un glaive – : ainsi seront dévoilées les pensées qui viennent du cœur d'un grand nombre." Il y avait aussi une femme prophète, Anne, fille de Phanuel, de la tribu d'Aser. Elle était très avancée en âge ; après sept ans de mariage, demeurée veuve, elle était arrivée à l'âge de quatre-vingt-quatre ans. Elle ne s'éloignait pas du Temple, servant Dieu jour et nuit dans le jeûne et la prière. Survenant à cette heure même, elle proclamait les louanges de Dieu et parlait de l'enfant à tous ceux qui attendaient la délivrance de Jérusalem. »

Pas de place à l'équivoque, Syméon et Anne étaient des vioques !

Comme Élisabeth, la cousine de la Vierge Marie… Très âgée, elle est tombée enceinte de Jean le Baptiste alors qu'elle était stérile ! Et pourtant, Dieu l'a choisie pour être un des premiers témoins du Christ (Lc 1,39-45) :

> « En ces jours-là, Marie se mit en route et se rendit avec empressement vers la région montagneuse, dans une ville de Judée. Elle entra dans la maison de Zacharie et salua Élisabeth. Or, quand Élisabeth entendit la salutation de Marie, l'enfant tressaillit en elle. Alors, Élisabeth fut remplie d'Esprit Saint, et s'écria d'une voix forte : "Tu es bénie entre toutes les femmes, et le fruit de tes entrailles est béni. D'où m'est-il donné que la mère de mon Seigneur vienne jusqu'à moi ? Car, lorsque tes paroles de salutation sont parvenues à mes oreilles, l'enfant a tressailli d'allégresse en moi. Heureuse celle qui a cru à l'accomplissement des paroles qui lui furent dites de la part du Seigneur." »

Dieu a choisi un fœtus et une personne âgée pour être les tout premiers témoins de sa gloire en son fils Jésus-Christ ! Il faut le faire quand même ! Le Seigneur est tout aussi épatant qu'insaisissable… Cet épisode révèle qu'il n'y a pas d'âge pour s'intéresser à Dieu. Entre un nouveau-né, « pas encore né » et une mémé-sur-le-retour, difficile d'être plus explicite…

Les aînés, n'hésitez pas à faire connaître le Seigneur « à vos agneaux » – vos petits-enfants. Ne vous dites pas, « il/elle est trop jeune, on verra plus tard… ». Vous apprenez bien aux tout petits à marcher, à parler, à dire « maman, papa, papy, mamie, chien, chat, popo… » Pourquoi ne pas leur apprendre « Jésus, Marie » ? Sérieux, quoi ! Il n'y a pas d'âge pour rencontrer Dieu. Dès lors que nous sommes incarnés, nous sommes tous concernés.

Mes très chers frères et sœurs « les vieilles brebis », si vous saviez le potentiel que vous avez… Vous disposez d'un arsenal à nul autre pareil. Vous êtes détenteurs d'une denrée rare que le monde s'arrache : le temps ! Dans vos valises, beaucoup de souffrance.

« La souffrance » ? Un trésor quand elle est recyclée en union avec le Rédempteur. Les motifs d'offrandes réparatrices ne manquent malheureusement pas. Entre les attaques contre la Sainte Trinité, la Vierge Marie, l'Église, la vie, la famille, la pureté de l'enfance, les créatures et la création tout entière, il y a de quoi faire ! La grosse Bête est au taquet, elle ne sait plus où donner de la corne ! Alors quoi, les vieux, allez-vous rester là, la bouche entrouverte et les bras ballants ? N'avez-vous pas envie que les choses changent ? N'avez-vous pas la nostalgie de l'Humanité et du savoir-vivre et aimer d'antan ?

« Elle est tombée sur la caboche, la môme Saracco, pour cracher un tel bouillon de bêtises ! Quand t'arrives point à tenir debout parce que ta guibole elle se débine, comment que c'est-y que tu pourrais déménager les meubles ?! » nous dirait, à juste titre, Marcelline…

En effet, ma petite dame, comment faire quand on est cloué dans la vieillesse, que chaque geste est une prouesse, pour contribuer à bouger les choses ? Mes très chers amis, il vous suffit de vous recentrer sur les trésors liés à votre grand âge.

« Vingt Dieux Marcelline, t'as raison la gueuse, c'est des conneries qu'elle dit la p'tite ! »

Eh, oh, les vioques, on se calme ! La vieillesse, certes, ne fait pas de cadeau, mais elle concède certaines armes. Tout d'abord, elle permet de prendre de la hauteur par rapport au monde et à ses hérésies. Lorsque l'on est dans la boucle, on se fait emporter par « le tourbillon de la vie » comme le chantait si bien Jeanne Moreau dans le film *Jules et Jim*. Ah, le cinéma… le vrai : Truffaut, Cocteau, Marcel Carné, Jean Duvivier, René Clair, Renoir, Audiard, vous vous rappelez ? Et ces artistes incroyables : Arletty, Suzy Delair, Vivian Leigh, Simone Signoret, Shirley Temple, Louis Jouvet, Gabin, Paul Meurisse, Érich Von Stroheim,

Michel Simon, sans parler des jeunes premiers Jean Marais et Gérard Philippe…

Pour revenir à notre affaire, prendre du recul permet d'y voir plus clair. Vous, les anciens, disposez de temps. Cela vous change de l'époque où c'était le temps qui disposait de vous faisant de vous des rats de sablier à courir partout. La vie active, je te jure… active pour perdre son temps ! Par peur de manquer de temps, vous dévaliez l'existence à toute vitesse flirtant sur les crêtes de l'égoïsme, obéissant à la dictature de l'urgence. Se poser, écouter, regarder et analyser, voilà le véritable luxe de nos jours. Et surtout prier… Quelle pléiade de grâces vous offre la vieillesse ! Vos cheveux blancs font positivement office de « cartons rouges ». Ils vous permettent de sortir du terrain ! Mais sortir du terrain ne veut pas dire quitter la course ni perdre la partie, bien au contraire. C'est maintenant, plus que jamais, que vous avez la possibilité de changer votre vie. La vôtre, celle de vos proches, mais aussi le cours de l'humanité.

« Quéque c'est-y qu'elle raconte encore la tchiote ? Ma parole, elle débloque du caisson ? »

La botte secrète, celle que le monde ignore et qui fait mouche à chaque passe se nomme la prière. C'est l'arme la plus puissante, celle à laquelle rien ni personne ne résiste. Si vous priez avec ferveur, le monde va être transfiguré. La force de la prière est inimaginable. La prière peut tout quand elle correspond à la volonté de Dieu. Je me rappelle une anecdote que m'avait racontée une amie comédienne. C'était sur un spectacle de Robert Hossein durant mes « années actrice »… Du reste, cela frise le pléonasme de dire d'une femme qu'elle est actrice : elles le sont un peu toutes, non ? Qu'en pensez-vous messieurs (hé, hé) ? Cette collègue m'avait relaté ses mésaventures. La malheureuse s'était entichée d'un homme marié. J'avais beau essayer de la dissuader, rien n'y faisait. C'était paraît-il l'homme de sa vie !

Le Cornu sait parfaitement bien s'y prendre pour nous faire tomber et justifier nos actes négatifs. « Au nom de l'amour », il en entraîne plus d'un. Pendant les vacances d'août, monsieur était parti rejoindre sa femme et leurs quatre enfants. Coco, ma pote, en avait profité pour aller se reposer dans le sud de la France. En se promenant dans la garrigue, voilà pas qu'elle tombe sur une chapelle dédiée à la Vierge Marie.

« Un bijou d'art provençal », m'avait-elle dit ! Qu'à cela ne tienne : elle ferait une neuvaine à Marie ! Tous les jours sous la cagnasse, elle viendrait prier la Madone afin que son homme abandonne bobonne et leurs enfants pour venir s'installer chez elle ! Le neuvième et dernier jour de la neuvaine, alors qu'avant les vacances, son amant et elle s'étaient quittés sur le nuage – trompeur – de l'amour adultérien, elle reçut un étrange coup de fil au tranchant couperet. Sans aucune explication, son amoureux transi, père de famille – qui ignorait sa démarche – l'appelle pour la plaquer ! Fin de l'idylle. La Vierge Marie avait bien exaucé sa neuvaine mais selon la volonté de Dieu (hé, hé)… N'a-t-elle pas dit à propos de son propre fils, le Christ : « Faites tout ce qu'il vous dira ! » (Jn 2,5) ?

Oui, la prière est une arme redoutable. Par la prière, on obtient des grâces inimaginables. La prière guérit, la prière grandit, la prière répare. La prière nourrit et ravit le cœur. Elle apaise et rassure. Pour le chrétien, la prière est aussi indispensable que l'air qu'il respire. Un fils de Dieu qui ne prie pas ou peu est appelé à se dessécher telle une fleur privée d'eau. Peu importe la qualité de ses pétales et de sa bonne volonté, elle finira par se faner…

Mes chers amis, ça n'est pas grave si vous ne savez pas prier, ou si la prière et vous, ça fait deux. Ce qui n'est pas fait reste à faire. Comme dirait l'autre, « il faut un commencement à tout ». Si le Bon Dieu vous a laissé jouer les prolongations, c'est parce que vous n'avez pas encore accompli votre mission. Nous avons tous une mission et ce, peu importe notre âge et la qualité de nos artères. Même un grabataire cloué sur un lit d'hôpital en a une. Demandez à Dieu quelle est votre mission. Il n'y a pas de petite vie, pas plus qu'il n'y a de petite personne ou de petite mission. Nous sommes tous uniques et essentiels aux yeux de Dieu.

Imaginez un peu les vieux si vous mettiez à profit le temps dont vous disposez pour prier ! Il y a plusieurs cordes à l'arc de la prière. En premier, se trouvent les prières dites « basiques » : Le Notre Père, le Je vous salue Marie, le *credo*, la prière au Saint-Esprit. Sans oublier le chapelet, une arme surpuissante qui délivre des angoisses et fait fuir les démons ! Notre maman du Ciel sait mieux que quiconque prendre soin de nous. Nous sommes ses petits… Qui mieux que Marie peut nous conduire jusqu'à son Fils ? Il est essentiel de prier tous les jours afin de rester près de Dieu. Dans cette affaire, la régularité est primordiale. Prier quotidiennement, c'est faire des gammes spirituelles. Nous avons sans cesse besoin de nous réajuster à sa volonté. Donner du temps à Dieu, c'est gagner du temps. En implorant sa lumière, en le laissant agir en nous, on fait moins de bourdes. J'en sais quelque chose… Du coup, on est davantage libre pour faire ce que l'on veut.

Après les « prières basiques » – indispensables – vient une autre prière : l'oraison, un doux parfum qui s'échappe de notre cœur pour rejoindre celui du Seigneur. Il est composé d'essence d'amour. Cette prière s'apparente à un dialogue amoureux avec Dieu. On lui parle et se confie à lui en même temps qu'on l'écoute. Il y a quelque chose de très intime dans l'oraison, de l'ordre d'une conversation sur l'oreiller… C'est un tête-à-cœur avec le Seigneur, un pur régal ! Abandonner ce que l'on vit à Dieu est aussi une prière.

« Je suis seul, je suis incompris, je souffre dans ma chair, je suis victime d'injustice, j'ai peur du lendemain, peur de la maladie, peur de la mort, etc. »

Eh bien, au lieu de garder tout cela pour vous et de vous laisser gangrener par les épreuves et par l'angoisse, abandonnez tout au Bon Dieu ! Si vous avez des problèmes de concentration, si vous n'arrivez pas à prier, *idem* : offrez-le à Dieu. Si vous lui déposez les fardeaux de vos vies, ils vont devenir légers. Et surtout, votre souffrance ne sera pas vaine, elle sera utile – au moins ça. Elle aura du sens et portera du fruit. Face aux attaques du Démon, la meilleure riposte et la bonne attitude à adopter est de tout offrir à Dieu en réparation des péchés et des blasphèmes contre lui. En faisant cela, vous court-circuitez les plans de Satan. Car ce qu'il vise en vous bombardant d'épreuves, c'est que vous vous enfermiez dans le désespoir et la colère envers Dieu. En offrant au Seigneur vos malheurs, vous faites un bras d'honneur au Diable, à celui qui est à l'origine de tout mal. Personnellement, j'aime bien lui faire des bras d'honneur…

Imaginez un peu les vieux, si vraiment vous vous mettiez à prier, le boxon que vous mettriez dans les plans machiavéliques du Cornu ! Et les grâces que vous obtiendriez de Dieu ! Le Seigneur nous aime tous à la folie, mais il est particulièrement proche de la petite brebis qui souffre et qui traîne la patte, comme vous… Vos prières feraient fondre son Cœur déjà si brûlant d'amour pour vous.

Prier, c'est se protéger. La prière est votre atout, votre bouclier. Il ne faut pas se leurrer : tout ce que cherche à faire le Malin, c'est de vous détourner de Dieu et de vous pousser à la révolte afin de vous damner. Le Diable est pervers, il vient toujours s'attaquer à nous quand nous sommes dans le désert, lorsque nous sommes mal en point. Il a fait le coup au Christ, pourquoi pas à nous ?

> « Alors Jésus fut conduit au désert par l'Esprit pour être tenté par le diable. Après avoir jeûné quarante jours et quarante nuits, il eut faim. Le tentateur s'approcha et lui dit : "Si tu es Fils de Dieu, ordonne que ces pierres deviennent des pains." Mais Jésus répondit : "Il est écrit : *L'homme ne vit pas seulement de pain, mais de toute parole qui sort de la bouche de Dieu.*" Alors le diable l'emmène à la Ville sainte, le place au sommet du Temple et lui dit : "Si tu es Fils de Dieu, jette-toi en bas ; car il est écrit : *Il donnera pour toi des ordres à ses anges, et : Ils te porteront sur leurs mains, de peur que ton pied ne heurte une pierre.*" Jésus lui déclara : "Il est encore écrit : *Tu ne mettras pas à l'épreuve le Seigneur ton Dieu.*" Le diable l'emmène encore sur une très haute montagne et lui montre tous les royaumes du monde et leur gloire. Il lui dit : "Tout cela, je te le donnerai, si, tombant à mes pieds, tu te prosternes devant moi." Alors, Jésus lui dit : "Arrière, Satan ! car il est écrit : *C'est le Seigneur ton Dieu que tu adoreras, à lui seul tu rendras un culte.*" Alors le diable le quitte. Et voici que des anges s'approchèrent, et ils le servaient. » (Mt 4,1-11)

Quelle arrogance et quelle perversion de la part du Malin ! Oser se servir de la Parole de Dieu pour tenter le Verbe Incarné ! Faut le faire quand même… Dans le désert, nous sommes fragiles. Nous sommes exposés aux vents du découragement et de la révolte. Les vieux, c'est si facile pour le Cornu de vous pousser au mal. Pour lui, c'est un jeu d'enfant. Il n'a qu'à se baisser pour ramasser les feuilles mortes que votre vieillesse lui offre : la solitude, la maladie, les douleurs, la peur. Et cet abominable mensonge dont il vous tambourine sans cesse les oreilles :

« Tu es vieux, tu ne sers à rien. Va donc crever ! Il serait grand temps… »

Votre Père qui est aux cieux vous dit tout le contraire : « Mon fils, ma fille, je t'aime. J'ai besoin de toi car j'ai très peu d'amis sur cette terre. Je compte sur toi car l'Amour n'a pas d'âge. L'Amour ne connaît pas les rides. Offre-moi les battements de ton cœur pour me dire que tu m'aimes. Toi, tu sais que je t'aime. J'ai donné ma vie pour te sauver… Il n'y a pas d'âge pour aimer et se laisser aimer.

Mes amis aux têtes blanches et au gros cœur, avec l'âge repoussé de la retraite finale – la mort –, vous vivez de plus en plus vieux et êtes de plus en plus nombreux. Rien qu'en France, vous êtes 7 millions ! Et sur toute la Terre, pas moins de 761 millions (recensés en 2021) ! Paraît même que votre nombre va plus que doubler d'ici 2050, passant à 1,6 milliard ! Vous êtes une population non négligeable. Pourquoi donc le monde vous néglige-t-il autant ? Pourquoi tant de mépris à votre égard ? Alors que pour Dieu, vous êtes la prunelle de ses yeux ! N'oubliez pas : la conversion se joue jusqu'au dernier moment. Cela veut dire que vous jouez votre éternité maintenant. Le Bon Dieu ne souhaite pas qu'il vous arrive des bricoles dans les derniers cent mètres… Abandonnez-vous à lui.

Imaginez un peu si tout ce petit monde faisait une chaîne de prière, du gros délire ! Jésus nous dit « quand deux ou trois sont réunis en mon nom, je suis là, au milieu de vous. » (Mt 18,20). Il nous dit aussi, « Demandez, on vous donnera; cherchez, vous trouverez; frappez, on vous ouvrira. » (Lc 11,9). Le Christ est le Verbe incarné. Contrairement à nous, il ne pipeaute pas. Il est la Vérité, ce qu'il dit est authentique. Si tous les petits vieux de la planète se mettaient tous les jours à prier – peu importe le moment et l'heure –, il se passerait de grandes choses dans le monde et dans le Cosmos tout entier ! Waouh, je n'ose imaginer... ! Les répercussions seraient immédiates, pour ne pas dire foudroyantes. Si tous priaient pour le retour glorieux du Christ, ça déménagerait sérieusement ! Le règne de Dieu sur terre et dans tout l'univers, ça ne vous tente pas ? Un royaume uniquement composé d'AMOUR et par AMOUR, où la souffrance, la maladie et la mort seraient définitivement éradiquées... Fini les parents et les grands-parents qui voient mourir leurs enfants et petits-enfants. Fini les petits qui voient leurs parents terrassés par un sale cancer ou par un accident. Fini les animaux martyrs, fini les injustices, la famine, les maltraitances et abominations en tous genres. Place au RÈGNE DE L'AMOUR ! AU RÈGNE DE DIEU. Ça ne tient qu'à vous...

Pour ceux qui le peuvent, pourquoi ne pas prier tous ensemble à 17 heures ? C'est l'heure où vous avez un petit coup de mou. Le moment où à l'approche de la nuit, vos angoisses viennent vous faire de l'œil... Ça serait une bonne parade pour leur faire un pied de nez, non ? Une prière commune, tous en même temps... Comme on fait à 12 heures ou à 19 heures à l'Angélus pour rendre grâce à Dieu pour l'annonce faite à Marie par l'Ange Gabriel ? Sauf que là, ce serait pour la conversion du monde – rassurez-vous, on en fait partie – et pour le retour glorieux du Christ sur la terre... Et le triomphe du Cœur immaculé de Marie !

Alors, mes petits vieux, qu'en pensez-vous ? *Banco* pour tous prier ensemble à 17 heures ? En faisant cela, on sera au moins sûr qu'il y aura deux clampins grisonnants qui prieront en même temps.

Mieux qu'en 45 : « Vive la Love Vioque Libération » !

Les vieux, vous êtes l'armée du Bon Dieu !!!

L'euthanasie ou l'État nazi ?

« Tu ne tueras point » (Ex 20,13).

Après le lavage de cerveau du covid, de l'Ukraine et de la théorie du genre – « changez de sexe comme de chemise ! » –, voici arrivé en grande pompe – funèbre – l'euthanasie ! Fraîchement débarquée sur le marché aux esclaves de la pensée unique, comptons sur elle pour faire des ravages ! Surtout auprès des vieux fragiles, en proie aux angoisses et aux peurs. Ah, l'euthanasie comme douce compagne de fin de vie... Nul doute que le vieux fera office de client idéal pour satisfaire les désirs d'épuration ethnique orchestrée par dame société. Comme jadis le nazisme, les drapeaux d'une « humanité supérieure » flottent dans l'air du temps. Une humanité formatée, active et – paraît-il – performante qui répond à la volonté d'une poignée d'élite. Agenouillé devant ses veaux d'or, l'Homme dort paisiblement du sommeil de l'injuste tandis qu'il s'enfonce doucement dans la mort. Que dire d'un monde qui assassine les enfants dans le ventre de leur mère, qui promeut le suicide et qui se débarrasse des vieux ? Au milieu de cette dictature de pensées, les vieux jouent les trouble-fêtes. Remplis de bon sens et d'expérience, ils n'ont pas leur langue dans la poche. Ils sont les piliers d'un monde ancien, les gardiens du temple de l'humanité.

La sagesse des anciens dérange. Elle nous renvoie le visage défiguré d'une humanité blessée perdue dans le miroir aux alouettes d'un monde sans Dieu. Opposants au régime mortifère, les anciens sont les remparts du bastion de la Création. Ils ont le respect de la vie et de l'humain. Contrairement aux jeunes, ils croient au lendemain. Malgré les deuils et les épreuves, ils ont conservé la foi. Dépositaires de la morale et du sens de l'honneur, ils rayonnent de dignité. Bien que rabougris, diminués, handicapés, ils marchent la tête haute et sont des modèles de courage. Rien d'étonnant que le monde cherche à les dégommer. Les aînés sont les repères de l'humanité, la mémoire du monde. Qu'est-ce que la conscience sans « Pépé Jiminy Cricket » pour nous la rappeler ? Une fois leur génération passée, que restera-t-il ? Que nous légueront les nouveaux vieux ? Ceux qui auront été élevés aux hormones de la Machine, dans le mépris de l'être et dans le rejet de Dieu ? Quel exemple donneront-ils aux nouvelles générations ?

Les vieux, Dieu compte sur vous et nous aussi. Ne tombez pas dans les pièges du Malin qui vous pousse dans la dépression et vous fait croire que vous ne servez plus à rien :

« Espèce de vieux croulant, zombie va ! Tu ferais mieux de disparaître au lieu de t'accrocher à la vie comme à ta canne ! Et ta famille, ta pauvre famille… y as-tu pensé ? Cesse d'être un poids, sois généreux : fais-toi euthanasier. Après tout, ce n'est qu'une petite piqûre, on le fait bien aux bêtes… D'ailleurs, tiens, ça serait une bonne idée de faire un tir groupé ! Une "piquouze groupée", hein ? Une pour ton Médor et une pour toi…, ça ne te tente pas ? Lui aussi ne sert à rien. Après tout, pourquoi avoir des animaux, si ce n'est pour les aimer et être aimé d'eux ? Or, on sait bien que sur Terre, l'amour n'est pas rentable. « "Vivants comme morts, jamais séparés !" pourrait-on lire sur votre pierre tombale… Trop mignon ! »

Mes chers amis les vieux, ne vous laissez pas endoctriner par ce vent de folie qui souffle sur l'humanité. Non seulement vous avez toute votre place ici-bas mais « vous êtes le sel de la terre ». Peu importe si ce monde de dégénérés vous dit le contraire. Peu importe si vos enfants et vos petits-enfants vous font vous sentir que vous êtes de trop. Êtes-vous venus au monde pour eux ou pour Dieu ? Est-ce eux qui se sont fait mettre en croix pour vous, pour que vous ayez la vie éternelle ou bien le Christ ? Votre vie est précieuse, c'est le plus beau des cadeaux que le Bon Dieu vous ait faits. Ne la bradez pas, ne la méprisez pas. Si votre vie vous pèse, abandonnez-la à Dieu. Ayez confiance en son amour pour vous. Contrairement au monde, il ne cherche que votre bonheur. Soyez forts, restez dans la prière. La prière est votre armure, votre première peau. Rappelez-vous, « le lion rugissant est là, tapi, cherchant qui dévorer » (1P 5,9)… Il vous suffit d'une parole, d'une parole de trop comme vous en avez certains soirs de spleen… d'un petit « j'en ai marre de la vie, j'aimerais partir… », accompagné d'une signature de rien du tout en bas d'une page.

Comptez sur le Cornu pour exaucer votre souhait. Vous aurez beau vous rétracter, expliquer aux accompagnants et aux soignants qu'il s'agissait d'un coup de *blues* lié à votre état dépressif dû à votre grand âge, ils n'en auront que faire. Qui sait, peut-être auront-ils droit à une prime en fonction du nombre de vieux « endormis » ?

Faites respecter votre droit à la vie. En faisant ainsi, c'est vous-mêmes que vous ferez respecter. Eh quoi, ce n'est pas parce que vous êtes vieux et que vous diminuez que vous êtes des sous-humains, nom d'un petit lutin ! En revendiquant votre droit à vivre, en vous battant pour rester parmi nous, vous deviendrez les porte-parole de la vie elle-même. Vous témoignerez ainsi que toute vie mérite d'être vécue bien au-delà des considérations et des plaisirs de ce monde. Vous témoignerez du sens même de la vie ! Par votre présence, vous témoignerez que l'existence est bien plus qu'un voyage sur terre, pour ne pas dire un « loisir »... Vous redonnerez à la vie ses titres de noblesse : La vie est un don de Dieu qui n'appartient qu'à lui. Vous serez les fervents défenseurs de ses commandements, l'étendard de sa volonté : « Tu ne tueras point. » Tout cela, de votre fauteuil ou de votre déambulateur... Quel témoignage pour le monde, quelle claque pour Satan !

L'euthanasie ou un machiavélique piège pour se débarrasser de ceux considérés comme « inutiles » : les malades, les vieux, les handicapés, les dépressifs, les SDF et autres pauvres. Avec comme objectif final, « l'euthanasie pour tous ! » Prioritairement pour ceux qui s'opposent « aux commandements du monde ». Les résistants à la pensée unique... Une piquouse est si vite arrivée ! Mieux vaut être sur ses gardes...

L'euthanasie ou une incitation au crime pour l'héritage : « Je t'aime mon petit papa, mais je t'aimerais davantage quand tu seras six pieds sous terre et que j'aurais empoché ton fric. »

L'euthanasie ou le slogan de la mort : « Tuer, c'est aimer ! »

L'euthanasie ou le viol du serment d'Hippocrate... Pauvre personnel soignant contraint de renier son engagement à soigner et à veiller au bien-être du patient. À la place du bon de sortie, un laissez-passer pour la tombe.

L'euthanasie ou la manipulation des consciences et des cœurs : « "Pour son bien", afin d'abréger ses souffrances, je choisis d'abréger sa vie »…

Youpi, longue vie à l'euthanasie !

« Y a d'la joie, chantaient les hirondelles »…

Saint Jean-Paul II : le cow-boy de Dieu

Même pas peur, rien ne l'arrêtait… ni la vieillesse, ni la maladie, ni le regard du monde, ni les balles verbales ou autres de ceux qui voulaient le dégommer. Abandonné dans les bras de son Jésus Bien-Aimé et de Maman Marie qu'il aimait tant, il traçait sur le son de la Miséricorde.

« Trompe la mort, trompe l'ennui… »

Les vieux, vous rendez-vous compte du saint patron que vous avez en la personne de Jean-Paul II ?! On devrait tous essayer de prendre exemple sur lui. Avec lui, il n'était pas question de lâcher l'affaire. Et quelle affaire ! Son devoir d'état. Lui, il était pape ; vous, vous êtes vous. Jeunes ou vieux, Jean-Paul II est un modèle pour nous tous. Le courage, la dignité et la persévérance dont il a fait preuve dans sa vieillesse sont à la hauteur de sa foi en Dieu. Car, comment tenir le coup et s'exposer ainsi au monde dans l'état qui était le sien, sans que Dieu soit avec lui ? Fidèle au Christ jusqu'à la fin, il a voulu porter la croix avec Lui. Il a rebondi sur l'épreuve de la maladie pour se laisser façonner à l'image du Messie souffrant. Jean-Paul II a passé les dernières années de sa vie non pas au Vatican, mais au mont Golgotha. Entre la vieillesse, la maladie, les douleurs, sa mission et ceux qui lui faisaient pression pour le dégager – sans parler des critiques des uns et des autres qui lui revenaient –, c'était loin d'être la fête !

Sa sainteté a pris racine dans son abnégation et son abandon à Dieu. Son exemple de foi, d'obéissance et de « lâcher prise » a pourtant échappé à plus d'un. Combien de fois a-t-on entendu dire : « Mais enfin, qu'est-ce que ce pape fait encore là dans cet état à se traîner ? Quelle image donne-t-il de l'Église ? On dirait un vieillard sénile ! Il faut laisser la place aux jeunes ! À force, sa vue devient dérangeante… »

Quelle image le pape a-t-il donc donnée de l'Église ? Celle d'une Église triomphante sur le Mal et sur les apparences. La gloire de l'Église ne résulte pas de sa puissance, ni de son pouvoir, ni de sa force. Elle se trouve dans sa pauvreté, son dépouillement, son amour et son obéissance à Dieu. Que l'exemple de ce pape nous motive pour mener les bons combats en puisant nos forces dans celles du Seigneur. Et peu importe ce que les autres pensent, on s'en fout !

Sœur Sophie de l'Incarnation[1], ma sœur de cœur, m'a soufflé une top idée :

« Après les JMJ, pourquoi ne pas faire les JMV : « Les Journées Mondiales de la Vieillesse » ?

Très Saint Père, qu'en pensez-vous ?

---

1. Du monastère de la Consolation-du-Sacré-Cœur-de-Jésus.

Vivre l'instant présent

« Qui d'entre vous, en se faisant du souci, peut ajouter une coudée à la longueur de sa vie ? » (Mt 6,27).
« Ne vous faites pas de souci pour demain : demain aura souci de lui-même ; à chaque jour suffit sa peine » (Mt 6,34).

Le secret de la réussite et de l'éclat d'une personne dépend de sa faculté à vivre pleinement l'instant présent. Mes très chers amis, veillez à ne pas vous laisser enfermer dans le passé et la mélancolie. C'est le piège *number one* que le Serpent vous tend. Il vous fait croire que votre vie est passée, qu'elle est dénuée d'intérêt, que vous ne servez à rien et que rien ne vous attend devant. En tout cas, rien de bon. Après vous avoir fait mijoter aux épices de la peur, de l'impuissance et de l'humiliation, c'est tout naturellement qu'il vous fait revenir aux herbes amères de la mélancolie. Il vous plonge vivant dans le fait-tout du radotage, de l'amertume, des actes manqués, des idées fixes et des regrets. Il vous enferme dans le passé et vous gratine pour trépasser.

« Tant qu'il y a de la vie, il y a de l'espoir ! » Tant qu'il y a de la vie, il y a des choses à accomplir. Faire croire que certaines personnes ne servent à rien est un mensonge éhonté, un blasphème contre la vie et la vérité. Chaque pensée, chaque acte, chaque décision de chaque seconde a des répercussions sur la balance de l'univers. Aucun de nos agissements n'est neutre. Nos moindres faits et gestes contribuent à peser sur le déroulement de l'histoire. Toute la création est solidaire. Les créatures sont liées les unes aux autres comme dans un jeu de dominos. Les conséquences de nos actes peuvent être salvatrices comme désastreuses. Soit elles profitent à Dieu, soit au Diable. Dans les deux cas, cela aura un impact sur nos frères et sœurs, comme un galet que l'on jettè dans l'eau et qui fait des ricochets.

C'est cela la communion des saints. Tous solidaires pour le meilleur comme pour le pire. Adam et Ève ont fauté, nous portons leurs péchés. Par le sacrifice du Christ qui s'est offert pour nos fautes, nous sommes tous sauvés. Que vous soyez jeunes ou vieux, que vous passiez votre temps à courir ou bien à rester inactif, que votre vie soit trépidante ou d'un mortel ennui, par vos agissements, vous influez sur l'histoire de l'humanité et du cosmos tout entier.

« Qu'est-ce qu'elle raconte encore la môme Saracco ?! Elle débloque la pauvre petite ! La malheureuse… il faut prier pour elle avant qu'elle ne perde complétement la boule ! »

Les gars, j'accepte volontiers vos prières sauf que je ne dis pas des craques. Toi, le vieux et toi, le pas vieux qui me lis, sache que tes actes, aussi infimes soient-ils, ont des incidences sur tes frères et sœurs, sur les animaux, la terre, le ciel, la création tout entière. Tes pensées peuvent être créatrices comme destructrices. *Idem* quand tu parles. Selon les paroles que tu prononces, tu contribueras à la vie ou à la mort. Jésus lui-même nous met en garde contre les dangers de la parole :

> « Ce qui sort de la bouche provient du cœur, et c'est cela qui rend l'homme impur. Car c'est du cœur que proviennent les pensées mauvaises : meurtres, adultères, inconduite, vols, faux témoignages, diffamations. C'est cela qui rend l'homme impur » (Mt 15,18-20).
>
> « Que votre parole soit “oui”, si c'est “oui”, “non”, si c'est “non”. Ce qui est en plus vient du Mauvais » (Mt 5,36-37).

La mélancolie est un poison échappé de la fiole des regrets. Le passé est son allié. Elle trouve sa source dans ce qui n'est plus, afin d'étouffer ce qui est. On ne peut être à la fois dans l'instant présent et dans le passé. Notre vie se joue au présent. Le Notre Père n'est-il pas conjugué au présent ? Entre les anciens englués dans le passé et les jeunes projetés dans l'avenir, l'Homme vit à côté de lui-même. C'est tout de suite, là où nous sommes, dans l'instant présent, que notre esprit comme notre cœur doivent se trouver. Le Seigneur nous attend au tournant du présent.

« Vingt Dieux, la Saracco, comment tu fais quand tu moisis seule dans ton coin comme un chien, que t'intéresses plus personne et que ta seule visite de la journée, c'est le facteur ?! Et encore, si c'était pour t'apporter des mots doux… mais c'est que des factures !

— Bien balancé Pierrot !, reprit Marcelline. Où c'est-y qu'elle est la vie ? Il n'y a point de présent, mais que du néant ! »

Les gars, même si vous n'avez aucune activité et que vous vivez repliés sur vous-même, cela ne fait pas pour autant de vous des prisonniers. Votre cœur et votre esprit sont libres. Dans le murmure du silence, Dieu vous parle. Commencez votre journée en lui demandant ce qu'il attend de vous. Demandez-lui les grâces pour accomplir sa volonté. Vous allez voir que votre journée va vite se remplir. Et cela, même si vous êtes isolés et cloués sur un fauteuil ou dans un lit. Encore une fois, si vous vous mettiez un peu plus à prier, votre vie serait transfigurée ! La prière vous plongerait dans une divine actualité : la vivante et vivifiante Parole de Dieu et sa vraie présence à vos côtés. Votre journée passerait comme une lettre à la poste. Son amour brûlant pour vous aurait vite raison de votre mélancolie et de votre tristesse. Seul l'Amour rend heureux, n'est-ce pas ? Celui du Bon Dieu, je ne vous raconte pas !

Rififi dans les chaumières

« Vivement la retraite, je n'en peux plus ! vous a-t-on si souvent entendu dire. Je pourrai enfin faire tout ce qu'il me chante : faire la grasse mat', voyager, aller aux spectacles, visiter les musées, etc. »

Et puis un jour, le « gros lot » – la retraite – vous est tombé dessus ! Mais les choses ne se sont pas passées comme prévu… À peine libérés du fardeau de la vie active, certains d'entre vous sont décédés, d'autres se sont laissés déborder par d'affreuses douleurs ou pathologies – ou les deux – les clouant ainsi chez eux. D'autres encore se sont retrouvés en tête à tête avec leur conjoint, et là, le courant n'est plus passé. Ou plutôt, seulement sous la forme de tensions et d'étincelles. C'est ainsi qu'une grande épreuve vous attendait à la fin de votre vie : les enfants partis, vous retrouver seul, en face-à-face, avec votre épouse, votre époux. Le meilleur – « le malheur » – pour la fin :

« Je n'en peux plus de cette télé à tue-tête toute la journée ! On dirait un grabataire… Non mais tu t'es vu ? Tu ne te rases plus, tu portes les mêmes vêtements… Quant à la toilette, c'est tous les 36 du mois ! C'est à peine si tu m'adresses trois mots dans la journée ! À part ton sport et tes mots croisés, rien ne t'intéresse ! On dirait un légume ! Bientôt, il faudra que je t'arrose… Tiens à ce propos, voilà bien deux jours que je te demande d'arroser les plantes du jardin, mais c'est comme si je parlais à un mur ! Quant aux poubelles, n'en parlons même pas : tu fais le sourd ! Si cela continue, il y aura bientôt des rats dans le salon ! Parce qu'en plus, tu ne ranges pas même ton bazar ! Ce matin, j'ai retrouvé derrière le sofa des canettes de bière et un paquet de chips à moitié renversé. Il y avait des miettes partout ! Et cette satanée ampoule que tu n'as toujours pas changée !!! Eh, oh, je te cause… Nom d'un chien, quand est-ce que tu vas te décider à sortir les poubelles ?! dit madame, en se goinfrant de gâteaux.

— Et toi… répondit le mari, quand est-ce que tu vas te décider à la boucler ? »

« Les joies de la vie à deux au crépuscule de l'existence »… Non, la vie n'est pas simple ; non, la vieillesse n'est pas simple ; non, être en couple n'est pas simple ! Pourtant, on peut arriver à surmonter les épines de la vie. Si on prie…

Les vieux – et les pas vieux – embrigadés dans l'odyssée du mariage, vous qui étouffez et qui vous sentez à l'étroit dans le bocal conjugal, vous avez le choix : soit de vous transformer l'un pour l'autre en piranha – peut-être est-ce déjà le cas ? –, soit de retrouver en votre conjoint cette belle sirène ou ce beau matelot qui vous a fait chavirer le cœur le jour de vos noces… À vous de voir… Si vous optez pour « la formule *love*, on fait la paix, on chemine ensemble le dernier bout de route », il vous faut prier. Séparément et ensemble. « Prier », non plus pour vous voir à travers votre « moi je » et vos revendications personnelles – si légitimes soient-elles –, mais pour vous voir à travers le regard bienveillant que le Christ porte sur l'un et l'autre de vous. Il s'agit de vous redécouvrir, non pas à travers votre prisme personnel, mais dans les yeux d'amour du Sauveur…

En gros, si vous continuez à rester enfermés sur vous-même et dans le regard parfois acerbe que vous portez sur votre « tendre et chère moitié » que vous ne supportez plus, vous allez vous étriper ! Plus le temps va passer, plus cela va devenir invivable, pour ne pas dire insoutenable ! De piles électriques, vous vous transformerez en bombes atomiques… Le moindre prétexte vous fera exploser ! Qui sait, peut-être même ferez-vous la une des journaux ? « *Une vieille tue son vieux à cause d'une chaussette mal rangée.* » Ça craint les gars, vous ne trouvez pas ?! Mais si vous invitez Jésus à faire un « couple à trois » – et même à quatre avec Marie – avec vous, vous vivrez un renouveau. Il vous faut vous remettre sous le regard de Dieu. Celui-là même que vous avez sollicité le jour de votre mariage… Priez le Seigneur de vous apaiser. Priez l'Esprit Saint de vivre une conversion du regard que vous portez l'un sur l'autre. Messieurs, quand vous verrez « bobonne » manger des sucreries, vous ne la percevrez plus de la même façon. Vous ne serez plus là à vous dire :

« Regarde-la, celle-là, elle est encore en train de s'empiffrer de graisse – c'est vrai quoi, j'ai épousé une femme, pas une baleine ! »

Vous aurez de la compassion pour elle, voire de la tendresse… Peut-être même que vous irez jusqu'à vous remettre en question :

« Si la petite mère mange autant, ne serait-ce pas pour compenser un manque affectif ? Ne l'ai-je pas un peu négligée ces derniers temps ? Entre la coupe du monde, le Tour de France et Wimbledon, je n'y suis pas allé de main morte – avec la télécommande… »

Et vous, mesdames, lorsque vous verrez monsieur se ruer sur les *pop-corn* et sur les programmes télé, allant même jusqu'à vous zapper vous-même, votre regard sur lui et sur vous – la guerre comme l'amour, ça se fait à deux – différera. Lorsque l'on s'abandonne à la lumière et à la dynamique du Saint-Esprit, tout devient positivement différent. Vos invectives céderont la place à de l'empathie :

« Je le critique, je le critique, mais suis-je toujours la même à son égard ? Est-ce que je le regarde encore comme un homme ? Est-ce que je me comporte toujours comme une femme ? "Sa" femme… Entre les enfants, les tâches ménagères et les soucis du quotidien, je l'ai quelque peu délaissé. Depuis la retraite, il semble désorienté. Un peu comme s'il avait perdu ses repères… Pauvre vieux, va ! C'est vrai que sa vie n'a pas toujours été facile. »

Sérieusement mes amies les vieilles brebis, si vous invitez le Bon Dieu chez vous, dans votre famille et dans votre couple, « votre joug sera léger à porter ». Et franchement, « les poubelles », on s'en tape le popotin !

Lettre aux vieux athées

Surtout, ne changez pas ! Soyez « hâtés » plus que jamais… de rencontrer Dieu ! Peut-être êtes-vous « athée de naissance » ? Peut-être avez-vous été élevé par une famille anticléricale qui a associé Dieu avec capitalisme comme ce brave Pierre ?

« Les trésors du Vatican, c'est-y pas une honte ?! Et tous ces bourgeois qui toisent le peuple du haut de leur première place ? »

Peut-être êtes-vous athées, car vous avez souffert et que vous vous êtes endurcis ? Peut-être avez-vous perdu un conjoint, un enfant, les deux… ? Certains d'entre vous ont connu la guerre, la faim, l'exode. D'autres terminent leur existence dans une improbable précarité, alors qu'ils ont passé leur vie à travailler et à aider leur prochain. D'autres encore ont eu des parents et des grands-parents qui ont tout fait pour les pousser dans la religion. Peut-être un peu trop ? Peut-être pas de la bonne façon – à coups de menaces… L'amour ne s'impose pas, il se choisit. Peut-être est-il temps pour vous de faire le choix de Dieu… de vous réconcilier avec la vie et l'Auteur de la vie avant de rendre votre dernier souffle ? Dans un monde où le sol se dérobe en même temps que l'humanité, mieux vaut s'accrocher ! Mais pas à n'importe quoi ni à n'importe qui…

> « Ainsi, celui qui entend les paroles que je dis là et les met en pratique est comparable à un homme prévoyant qui a construit sa maison sur le roc. La pluie est tombée, les torrents ont dévalé, les vents ont soufflé et se sont abattus sur cette maison ; la maison ne s'est pas écroulée, car elle était fondée sur le roc. Et celui qui entend de moi ces paroles sans les mettre en pratique est comparable à un homme insensé qui a construit sa maison sur le sable. La pluie est tombée, les torrents ont dévalé, les vents ont soufflé, ils sont venus battre cette maison ; la maison s'est écroulée, et son écroulement a été complet » (Mt 7,24-27).

Aujourd'hui, vous n'avez plus rien à prouver. Vous vous êtes enfin émancipé des pesantes apparences liées à la vie active. C'est tel que vous êtes que l'on doit vous prendre.

Eh bien, « les vieux athées », et si vous « essayiez » Dieu ? Si vous vous laissiez approcher par son amour pour vous ? Car, même si vous ne croyez pas en lui, lui croit en vous. Vous qui avez passé votre temps à l'ignorer, voire à l'engueuler, sachez qu'avec votre Père, il n'est jamais trop tard. Il nous aime tant ! Et si vous osiez la démarche folle de lui parler dans la prière ? Comme le dit si bien le vieil adage : « Il n'y a que les imbéciles qui ne changent pas d'avis. » Après avoir passé votre vie à clamer haut et fort que tout ça, c'était des foutaises, que rien n'existait et si vous faisiez « le pari de Dieu » ? Qu'avez-vous donc à perdre ? Rien ! Par contre, vous avez tout à gagner. À commencer par votre âme qui, elle seule, est éternelle.

Toi, la vieille personne qui me lis, franchement, si à ta place j'avais passé une languissante vie ponctuée d'injustice et de souffrance, je ne tiendrais pas à ce que les emmerdes continuent de l'autre côté ! J'essaierai de gratter du côté du Bon Dieu... Et si, après tout, il existait vraiment ?! Et s'il n'était qu'Amour ?

« Nom d'un petit bonhomme, j'aurais l'air d'un couillon ! Le pire, c'est que, maintenant, je pourrai passer à côté de lui juste histoire de ne pas me contredire... Par orgueil, pour ne pas avoir l'air de changer d'avis comme de chemise ? Par peur de ressembler à un polichinelle... Eh dis, c'est que j'ai ma fierté ! »

Ta fierté, ou bien celle du Malin qui te la fait à l'envers jusqu'à ton dernier souffle de vie ? Dieu est là, mon frère, ma sœur vieillissante, il te tend les bras. Avec lui, le temps ne compte pas. Tu as raté des trains dans ta vie, ne laisse pas passer celui-là. Il t'amènera là où tu n'oses pas même espérer. Là où l'Amour est roi. Là où la souffrance, la décrépitude et la mort n'existent pas. Au crépuscule de ta vie, Dieu te donne encore le choix : tu as le choix entre t'abandonner dans les bras de l'athéisme, du refus de Dieu qui conduit à la mort éternelle ou bien dans les bras de ton Seigneur qui passera son éternité à t'aimer, te choyer et te cajoler. Vous avez tous les deux du temps à rattraper, non ? À la question, « où était Dieu quand je croulais sous les épreuves et le malheur ? », le Christ lui-même t'apporte la réponse. Il te tendait son cœur et sa main, mais tu as refusé de l'entendre :

> « Venez à moi vous tous qui peinez sous le poids du fardeau. Prenez sur vous mon joug, devenez mes disciples, car je suis doux et humble de cœur, et vous trouverez le repos pour votre âme. Oui,

> mon joug est facile à porter, et mon fardeau, léger » (Mt 11,28-30).

Et puis, il ne faut quand même pas oublier que cette terre n'est pas le royaume de Dieu, mais celui de Satan, « le prince de ce monde » comme le nomme Jésus dans l'Évangile de Jean… Rien d'étonnant que ce soit le boxon ici-bas ! Comprends bien, si ici c'était le royaume de Dieu, le Christ ne se serait pas fait crucifier :

> « Jésus déclara [à Pilate] : « Ma royauté n'est pas de ce monde ; si ma royauté était de ce monde, j'aurais des gardes qui se seraient battus pour que je ne sois pas livré aux Juifs. En fait, ma royauté n'est pas d'ici » (Jn 18, 36-37).

Un conseil, mon ami(e) : va te confesser ou bien fais venir un prêtre à ton chevet. Profite tant que tu es en chemin sur terre. Après, il sera trop tard. Seras-tu encore en vie ce soir ? Tu ne connais pas plus que moi l'heure de ton départ… Et puis, n'oublie pas une chose : c'est la fin des temps ! Magnez-vous les vieux et les moins vieux : un de ces quatre, Jésus va rappliquer. C'est l'Apocalypse les gars !

Je prie pour toi mon frère, ma sœur, athée aux cheveux blancs et au cœur étincelant…

La mort n'existe pas

« Quand le désert avance, c'est la vie qui s'en va, la faute à pas de chance ou Dieu qui nous foudroie » chantait France Gall dans les années quatre-vingt-dix. Eh bien non, ma belle France, tu t'es fourvoyée : « Quand le désert avance, c'est la vie qui vient. » La mort n'existe pas ! Christ l'a vaincue ! Christ est ressuscité d'entre les morts, pour de bon, pour toujours ! C'est fait, c'est acté, il n'y a pas à revenir là-dessus. Et avec lui et par lui, nous tous, les clampins humains, sommes ressuscités. *Yeees* !!!

Toi, l'ancien qui entames ta dernière ligne droite, toi qui es en fin de course, tu vois tes jours raccourcir alors qu'en réalité, ils se rallongent. Le soleil t'attend de l'autre côté. C'est la vie qui t'attend de l'autre côté : la vraie. Celle qui se trouve auprès de Dieu. Un soleil sans ombre ni nuage, une vie sans mort, ni souffrance. Dans son royaume. Le royaume de Dieu où l'Amour est roi. Une éternité de délice t'attend ! Ne crains pas, le Christ t'a préparé une place, rien que pour toi. Une place de choix : dans son cœur, tu reposeras, dans son cœur, tu ressusciteras.

> « Que votre cœur ne soit pas bouleversé : vous croyez en Dieu, croyez aussi en moi. Dans la maison de mon Père, il y a de nombreuses demeures ; sinon, vous aurais-je dit : “Je pars vous préparer une place” ? Quand je serai parti vous préparer une place, je reviendrai et je vous emmènerai auprès de moi, afin que là où je suis, vous soyez, vous aussi » (Jn 14,1).

« Une place au soleil de Dieu, avec Jésus-Christ, à se la couler douce dans Son royaume d'Amour… »

Royal ! Tu ne pouvais pas rêver mieux. Fais confiance au Bon Dieu. Vois comme il t'aime : il a donné sa vie pour toi ! Ce n'est pas pour te laisser après en carafe au bord de la mort. Tu es précieux à ses yeux. Tu es unique ! Tu es son fils, sa fille préférée ! Quand tu croiseras « Dame Faucheuse », n'aie pas peur, roule des mécaniques ! « La vieille avec sa faucille » n'a aucune prise sur toi. Christ t'a sauvé ! Tu lui appartiens ! Sa faucille, qu'elle se la mette aux fesses ! Tu es fait pour la vie, tu es baptisé. Et si tu n'es pas baptisé, pars en courant te faire baptiser ! Il n'y a pas d'âge pour renaître ! Le baptême, c'est le code d'accès pour rentrer au Paradis. N'oublie pas : ce ne sont pas tes mérites qui te permettront de te retrouver auprès du Bon Dieu mais Dieu lui-même en la personne du Christ. C'est son Précieux Sang qui te lave de tes péchés, c'est Sa croix qui te sauve. La mort est grimaçante, elle fout les jetons, mais elle ne peut rien faire de plus si tu t'abandonnes au Christ. C'est comme le train fantôme à la fête foraine : tandis que tu avances dans la maison hantée, toutes sortes de monstres surgissent, mais ils ne peuvent pas t'atteindre. Ils ne font que s'agiter et passer… Ne lâche pas la main du Seigneur, fais-lui confiance. Aie foi en lui et prie Marie. C'est celle qui écrase la tête du Démon. Dans ses bras, tu ne crains rien. Si jamais le Cornu et son Bébête

Show rappliquent pour te la faire à l'envers, d'un simple regard, elle les fera tous déguerpir ! La Vierge Marie est un repousse-trolls. Elle est la créature faite à l'image de Dieu, à sa ressemblance. Elle est la seule humaine qui n'ait jamais péché. Tu te rends compte du pouvoir et de la force de Marie ? Sa force, elle la puise dans son amour, sa foi et son abandon à Dieu. Le grand guignol et ses guignolos prennent la poudre d'escampette dès qu'ils l'aperçoivent ! Non seulement tu es appelé à avoir la vie éternelle mais, en plus, tu vas retrouver tes vertes années. Fini les douleurs, l'arthrose et toutes ces conneries !

Si tu sens que tu vas bientôt passer l'arme à gauche, demande un prêtre pour recevoir l'onction des malades, appelée autrefois l'extrême-onction. N'aie pas peur, ce n'est pas elle qui va te pousser dans la tombe, c'est tout le contraire. L'onction des malades est un sacrement de vie. Elle te prépare pour rentrer dans la vie éternelle parée de ton Église. C'est un vêtement de vie qui protège de l'Ennemi. Et surtout, n'oublie pas de demander à te confesser. Que tu sois propre comme un sou neuf avant de te présenter au Bon Dieu… Au moment de trépasser, implore la miséricorde du Père au nom du Christ et des Très Saints Cœurs de Jésus et de Marie. Pris en sandwich entre Jésus et Marie, il ne peut rien t'arriver. Et vas-y, mon frère, ma sœur, « en voiture Simone » pour le grand voyage au pays de l'Amour. Là où « il n'y aura plus, ni larme, ni deuil, ni cri » (Ap 21,4), mais seulement notre Dieu d'Amour avec la « petite Nazaréenne » – Marie –, les saints anges et archanges, la sainte cour céleste, les saints, et tous nos frères et sœurs qui nous ont précédés dans son royaume. Sans oublier les animaux, nom d'un p'tit chaton ! Eh oui les gars, eux aussi auront leur éternité.

> « Dans les cieux, Seigneur, ton amour ; jusqu'aux nues, ta vérité ! Tu sauves, Seigneur, l'homme et les bêtes. » (Ps 35, 6-7)
>
> « Et j'entendis une voix forte qui venait du Trône. Elle disait : « Voici la demeure de Dieu avec les hommes ; il demeurera avec eux, et ils seront son peuple, et lui-même, Dieu avec eux, sera leur Dieu. Il essuiera toute larme de leurs yeux, et la mort ne sera plus, et il n'y aura plus ni deuil, ni cri, ni douleur : ce qui était en premier s'en est allé » (Ap 21,3-5).
>
> « Alors celui qui siégeait sur le Trône déclara : “Voici que je fais toutes choses nouvelles. Le loup habitera avec l'agneau, le léopard se couchera près du chevreau, le veau et le lionceau seront nourris ensemble, un petit garçon les conduira. La vache et l'ourse auront même pâture, leurs petits auront même gîte. Le lion, comme le bœuf, mangera du fourrage. Le nourrisson s'amusera sur le nid du cobra ; sur le trou de la vipère, l'enfant étendra la main. Il n'y aura plus de mal ni de corruption sur toute ma montagne sainte ; car la connaissance du Seigneur remplira le pays comme les eaux recouvrent le fond de la mer. Ce jour-là, la racine de Jessé, père de David, sera dressée comme un étendard pour les peuples, les nations la chercheront, et la gloire sera sa demeure” » (Is 11,6-10).

Regarde un peu ce que Jésus fait de la mort… Terrassée la vieille ! C'est qui le patron, hein ? C'est qui le plus fort ?!

Évangile de saint Jean (11,1-44) :

> « Il y avait quelqu'un de malade, Lazare, de Béthanie, le village de Marie et de Marthe, sa sœur. Or Marie était celle qui répandit du parfum sur le Seigneur

et lui essuya les pieds avec ses cheveux. C'était son frère Lazare qui était malade. Donc, les deux sœurs envoyèrent dire à Jésus: "Seigneur, celui que tu aimes est malade." En apprenant cela, Jésus dit: "Cette maladie ne conduit pas à la mort, elle est pour la gloire de Dieu, afin que par elle le Fils de Dieu soit glorifié." Jésus aimait Marthe et sa sœur, ainsi que Lazare. Quand il apprit que celui-ci était malade, il demeura deux jours encore à l'endroit où il se trouvait. Puis, après cela, il dit aux disciples: "Revenons en Judée." Les disciples lui dirent: "Rabbi, tout récemment, les Juifs, là-bas, cherchaient à te lapider, et tu y retournes?" Jésus répondit:
"N'y a-t-il pas douze heures dans une journée? Celui qui marche pendant le jour ne trébuche pas, parce qu'il voit la lumière de ce monde; mais celui qui marche pendant la nuit trébuche, parce que la lumière n'est pas en lui."
Après ces paroles, il ajouta: "Lazare, notre ami, s'est endormi; mais je vais aller le tirer de ce sommeil." Les disciples lui dirent alors: "Seigneur, s'il s'est endormi, il sera sauvé." Jésus avait parlé de la mort; eux pensaient qu'il parlait du repos du sommeil. Alors il leur dit ouvertement: "Lazare est mort, et je me réjouis de n'avoir pas été là, à cause de vous, pour que vous croyiez. Mais allons auprès de lui!" Thomas, appelé Didyme (c'est-à-dire Jumeau), dit aux autres disciples: "Allons-y, nous aussi, pour mourir avec lui!" À son arrivée, Jésus trouva Lazare au tombeau depuis quatre jours déjà. Comme Béthanie était tout près de Jérusalem – à une distance de quinze stades (c'est-à-dire une demi-heure de marche environ) –, beaucoup de Juifs étaient venus réconforter Marthe et Marie au sujet de leur frère.

Lorsque Marthe apprit l'arrivée de Jésus, elle partit à sa rencontre, tandis que Marie restait assise à la maison. Marthe dit à Jésus : "Seigneur, si tu avais été ici, mon frère ne serait pas mort. Mais maintenant encore, je le sais, tout ce que tu demanderas à Dieu, Dieu te l'accordera." Jésus lui dit : "Ton frère ressuscitera." Marthe reprit : "Je sais qu'il ressuscitera à la résurrection, au dernier jour." Jésus lui dit : "Moi, je suis la résurrection et la vie. Celui qui croit en moi, même s'il meurt, vivra ; quiconque vit et croit en moi ne mourra jamais. Crois-tu cela ?" Elle répondit : "Oui, Seigneur, je le crois : tu es le Christ, le Fils de Dieu, tu es celui qui vient dans le monde." Ayant dit cela, elle partit appeler sa sœur Marie, et lui dit tout bas : "Le Maître est là, il t'appelle." Marie, dès qu'elle l'entendit, se leva rapidement et alla rejoindre Jésus. Il n'était pas encore entré dans le village, mais il se trouvait toujours à l'endroit où Marthe l'avait rencontré. Les Juifs qui étaient à la maison avec Marie et la réconfortaient, la voyant se lever et sortir si vite, la suivirent ; ils pensaient qu'elle allait au tombeau pour y pleurer. Marie arriva à l'endroit où se trouvait Jésus. Dès qu'elle le vit, elle se jeta à ses pieds et lui dit : "Seigneur, si tu avais été ici, mon frère ne serait pas mort." Quand il vit qu'elle pleurait, et que les Juifs venus avec elle pleuraient aussi, Jésus, en son esprit, fut saisi d'émotion, il fut bouleversé, et il demanda : "Où l'avez-vous déposé ?" Ils lui répondirent : "Seigneur, viens, et vois." Alors Jésus se mit à pleurer. Les Juifs disaient : "Voyez comme il l'aimait !" Mais certains d'entre eux dirent : "lui qui a ouvert les yeux de l'aveugle, ne pouvait-il pas empêcher Lazare de mourir ?" Jésus, repris par l'émotion, arriva au tombeau. C'était une grotte

fermée par une pierre. Jésus dit : "Enlevez la pierre." Marthe, la sœur du défunt, lui dit : "Seigneur, il sent déjà ; c'est le quatrième jour qu'il est là." Alors Jésus dit à Marthe : "Ne te l'ai-je pas dit ? Si tu crois, tu verras la gloire de Dieu." On enleva donc la pierre. Alors Jésus leva les yeux au ciel et dit :
"Père, je te rends grâce parce que tu m'as exaucé. Je le savais bien, moi, que tu m'exauces toujours ; mais je le dis à cause de la foule qui m'entoure, afin qu'ils croient que c'est toi qui m'as envoyé."
Après cela, il cria d'une voix forte : "Lazare, viens dehors !" Et le mort sortit, les pieds et les mains liés par des bandelettes, le visage enveloppé d'un suaire. Jésus leur dit : "Déliez-le, et laissez-le aller." »

Je te raconte pas la fête éternelle qu'ils ont tous dû faire après (hé ! hé !)...

III
IL ÉTAIT « UNE FOI »

Pierre : la rencontre

« Le dernier sur votre gauche…, grommela Pierre au fromager.

— Celui-là ? » répondit l'homme jovial en désignant un crottin de chèvre.

Pierre ôta sa casquette, consterné ; il se gratta le crâne en soupirant.

« Ils sont en plastique vos yeux ou quoi ?! Vous voyez bien que le crottin que vous me désignez, il est cendré nom d'une pipe !

— Mais non, monsieur, je vous assure… C'est une illusion d'optique.

— Une illusion d'optique ! Non mais j'te jure, je t'en foutrais moi des illusions d'optique ! En plus, ils sont hors de prix vos fromages, capitaliste, va ! Tiens, t'as qu'à te le mettre où je pense ton crétin, crottin va ! » conclut le vieil homme exaspéré.

Dans sa précipitation, il fit rouler de l'étal une boule de Belp et un camembert. La boule tomba dans les griffes d'un gang de rats aux aguets qui le mirent en pièces détachées. Quant au camembert, il vint se nicher dans son panier en osier sans que personne ne s'en aperçoive. En sandwich entre une bouteille de calva et une baguette de pain, il coulait des jours heureux. Pierre déguerpit en toute hâte et bouscula une vieille dame sans même s'excuser. Derrière lui, un essaim de femmes échangeait joyeusement. Butinant d'un sujet à l'autre, elles passaient le quartier à l'épée de leurs tranchantes langues. Des enfants jouaient à chat, des chats jouaient aux fauves. Parqués sous les tréteaux, guettant les mulots, les félins régnaient sur l'urbaine jungle. À l'affût des miettes, de téméraires moineaux faisaient leurs emplettes sous les yeux du boulanger.

Errant tel un mourant au milieu de la vie, Pierre devait se sauver au plus vite : ce grouillant marché débordait d'humanité. Depuis le décès d'Irène, il fuyait le monde comme les vampires le soleil. Soucieux de rester fidèle à sa bien-aimée, il s'interdisait toute distraction, associant la détente à de la trahison. Comment pouvait-il se changer les idées alors que son grand amour reposait six pieds sous terre ?

Avant de regagner son « abri » – son chez lui –, il devait passer devant une église. Le hasard parfois taquin s'était arrangé pour que sa voisine directe ne soit autre que la maison du Bon Dieu ! Rasant le trottoir de l'athéisme, le regard baissé et la mine renfrognée, il s'apprêtait à se glisser sous la douce couette de l'individualisme quand, soudain, un SDF assis par terre l'interpella :

« Eh l'ami, aurais-tu quelque chose à me donner ? J'ai soif… »

Pierre s'arrêta, estomaqué : *Vingt Dieux ! V'la main'nant que les sans soif réclament leur litron aux honnêtes gens !*

« Laisse-moi te dire, j'ai pas un *kopeck* mon p'tit bonhomme ! Et même si j'avais le moindre bifton, j'te le donnerai pas ! Vaurien, va ! »

Pierre se fit surprendre par le regard de l'homme. À le regarder de plus près, il n'avait rien d'un SDF : ses yeux clairs reflétaient une indescriptible lumière tout comme sa personne. Sa barbe naissante et ses longs cheveux posés sur ses frêles épaules lui firent penser qu'il s'agissait d'un hippie, mais il n'en était rien. L'homme dégageait une grande dignité et une force tranquille. Il inspirait le respect. Ses grands yeux perçants rejoignaient Pierre au plus profond de son intimité. Sa puissante aura le recouvrait tel un parfum mystérieux.

Sacrebleu, qu'est-ce donc que cette affaire ? Terrassé par l'émotion, il était tétanisé et ne pouvait plus bouger.

« Mon ami… reprit l'inconnu, tu es beaucoup plus riche que tu ne le crois. Mais ta richesse est cachée à tes yeux. Laisse parler ton cœur… »

Déstabilisé par ses paroles, Pierre eut le souffle coupé, il baissa les yeux.

« Je t'attends. J'ai soif de ton amour… » souffla l'étranger dans un murmure.

Le vieil homme était sur le point de chanceler. Peu habitué à se laisser submerger par l'émotion, il lui fallait réagir coûte que coûte. Il s'accrocha à un zeste de courage, prit sur lui et leva la tête : l'inconnu avait disparu.

Endormi devant le poste de télévision allumé à fond, Pierre cuvait sa tristesse, une bouteille de gniole à ses côtés. Seul le sommeil lui permettait de faire quelques incartades au souvenir de sa femme. Assoupi, il ne pouvait plus lutter. Il se faisait prendre par surprise, au détour d'une nuit blanche ou d'un verre de trop. Ce soir-là, de mèche avec la Providence, Morphée joua les entremetteuses : elle l'entraîna en Palestine il y a deux mille ans dans un village appelé Bethléem et lui fit rencontrer un dénommé Jésus.

Marie, enceinte à terme, montait un âne. Elle semblait épuisée. Joseph, son époux, ne savait plus où donner de la tête. C'était la quatrième auberge qu'il sollicitait, dans l'espoir de trouver une chambre où son épouse pourrait accoucher. Sans succès. Tous les établissements à des kilomètres à la ronde affichaient complet. Les Juifs affluaient des quatre coins de la Palestine pour répondre au grand recensement organisé par l'empereur Auguste. Joseph avait beau supplier les hôteliers de leur donner un petit endroit afin de permettre à son épouse de mettre au monde leur nouveau-né, rien n'y faisait. En cette nuit de décembre, le cœur des hommes était aussi froid que les murs qui les abritaient. Joseph sortit de l'auberge le pas lourd de tristesse. Le taulier le rattrapa :

« Vous me faites pitié ta femme et toi… Voyons, heu… vous n'avez qu'à me donner le double du prix et je vous installe dans le grenier. En poussant mes sacs de blé et les jarres d'huile, on pourra bien vous trouver un petit coin…, dit-il en se frottant le bouc.

— Le double du prix ? reprit Joseph dépassé.

— Tu sais bien que toutes les auberges sont prises d'assaut. Je suis bien bon mais j'ai besoin d'être encouragé. Un petit geste de votre part pour me remercier sera le bienvenu…

— Regarde-nous mon ami : ma femme et moi sommes pauvres. Si je te donne le double de la somme, nous n'aurons plus rien pour manger.

— Désolé de te dire ça, mais c'est ton affaire, pas la mienne. Pas d'argent, pas de logement !

— Tu n'as pas honte de chercher à profiter des pauvres gens ? » intervint une petite ronde qui avait suivi leur conversation.

L'aubergiste haussa les épaules, désabusé.

« Viens, viens ! Suis-moi… dit la femme à Joseph en l'entraînant par la manche de son manteau. J'ai une solution pour la mère et l'enfant. Ce n'est pas ce qu'il y a de mieux mais au moins, vous serez à l'abri. »

Porté par le courage et la foi qui le caractérisaient, Joseph prit la main de son épouse.

« Ne t'inquiète pas ma toute belle, Dieu pourvoira : Il est avec nous… »

Portée par l'Amour et l'abandon qui la caractérisaient, Marie acquiesça par un sourire. La femme les entraîna sur les hauteurs de Bethléem, en pleine campagne.

« On arrive bientôt », dit-elle à Marie.

La petite Nazaréenne inclina la tête et lui sourit. Du haut de ses seize ans, elle restait digne et apaisée alors que la nuit était glaciale et qu'elle était à deux doigts d'accoucher. Son abandon à Dieu était tel qu'il ne laissait en elle aucune place pour la peur. Elle savait que son Père l'aimait et qu'il ne la laisserait jamais tomber.

« Ton épouse est vraiment courageuse, confia la femme à Joseph. Dans son état, dehors, avec ce froid, la pauvre… Elle ne s'est pas même plainte ! »

Joseph lui sourit une lueur de fierté dans les yeux.

« Mon épouse n'est pas n'importe quelle femme… », dit-il le regard brillant.

Ils arrivèrent près d'une grotte devant laquelle se trouvaient des bergers. Les pauvres bougres n'avaient rien trouvé d'autre pour s'abriter du froid. Les moutons étaient agglutinés les uns aux autres comme pour se donner chaud. Quand elles virent Marie, les bêtes s'écartèrent pour la laisser passer. Elles contemplaient son ventre rond, stupéfaites. Avaient-elles reconnu en elle la Vierge immaculée portant en elle le Sauveur du monde ? C'était à se demander… Les animaux ne manquent pas de sixième sens. La femme conduisit les jeunes mariés jusqu'à une étable au-dessus de laquelle trônait une resplendissante étoile. En cette nuit d'ébène, la plus longue de l'année, la lumière l'emportait.

Marie venait d'accoucher de son premier né. Elle contemplait son bébé, émerveillée. Quel parcours pour en arriver là depuis la promesse de l'ange… Quelle aventure le Seigneur lui faisait vivre ! Sans lui, jamais elle n'y serait arrivée ! Avec lui, elle n'avait peur de rien. Elle savait que jamais il ne les laisserait tomber. Ni elle, ni son fils, ni son vaillant Joseph. L'étable rayonnait de clarté. Était-ce dû à la naissance de l'enfant ?

Émue, la femme se tenait aux côtés de la jeune maman. Elle rendait grâce à la Providence d'avoir pu secourir cette famille atypique qui ne correspondait à aucune autre. D'où venaient-ils ? Et cette douceur, cet abandon et cette bienveillance dont ils faisaient preuve ! Elle sentait, elle savait que la venue du nouveau-né allait tout changer. Non seulement pour elle mais pour toute l'humanité. Elle les regardait les yeux brillant d'émotion. Elle comprit à l'instant même qu'elle était venue sur terre pour cela : les aider, Marie, Joseph et l'enfant. C'était sa mission.

Joseph mit de la paille dans la mangeoire et déposa le nouveau-né sous le regard intrigué des animaux. Bien qu'exténuée, Marie était radieuse. Elle contemplait son fils des larmes dans les yeux. Son époux s'approcha d'elle et lui prit délicatement la main.

« Tu vois, le Seigneur a pourvu…, lui dit-il, complice.

— Rien n'est impossible à Dieu ! rétorqua Marie, des étoiles dans les yeux.

— Gloire à Dieu au plus haut des cieux ! », s'exclama un berger en pénétrant dans l'étable et en contemplant l'enfant. L'homme qui portait un agneau sur les épaules, s'agenouilla devant lui. L'animal en profita pour se dégager et s'approcher du bébé. Il le regardait impressionné, tout comme l'âne et le bœuf qui se tenaient à ses côtés. Une indicible joie émanait de toutes les créatures présentes. Humaines et animales. Même la paille de la crèche resplendissait ! Pour un peu, on eût cru que la création tout entière reconnaissait en l'enfant le Sauveur et l'adorait.

« Quel est son nom ? » demanda la femme.

Sa question plongea Joseph dans le souvenir frémissant de cette étrange nuit. La nuit où un ange du Seigneur vint le visiter pour lui dire que son épouse allait être enceinte du Fils de Dieu :

> « Joseph, fils de David, ne crains pas de prendre chez toi Marie, ton épouse, puisque l'enfant qui est engendré en elle vient de l'Esprit Saint », lui avait révélé l'ange.
>
> « Elle enfantera un fils, et tu lui donneras le nom de Jésus (c'est-à-dire : Le-Seigneur-Sauve), car c'est lui qui sauvera son peuple de ses péchés. » (Mt 1,20-21)

Joseph se tourna vers sa très chaste épouse les yeux brillants. Elle lui sourit pudiquement tandis qu'une larme de joie, d'amour, de connivence s'échappa de ses yeux : oui, Joseph était unique ! Il était le choix de Dieu. Le Très Haut l'avait choisi parmi tous les hommes pour veiller sur l'enfant et sur elle.

Si Joseph était unique, Marie l'était encore plus… « Son nom est Jésus », se contenta-t-il de répondre. Emmailloté de bienveillance, resplendissant d'amour et de lumière, le petit Jésus gloussait d'allégresse. Il ne savait pas encore ce qui l'attendait… Il ne savait pas combien le monde allait le rejeter. Jusqu'à la mort par crucifixion… Jusqu'à le torturer et l'assassiner.

Plongé dans un sommeil profond, Pierre gesticulait. Quel était donc ce rêve aux effluves de réalité ? Un homme vêtu de blanc – était-ce son ange gardien ? – se pencha à son oreille et lui dit ce que l'enfant subirait à l'âge adulte :

> « La multitude avait été consternée en le voyant, car il était si défiguré qu'il ne ressemblait plus à un homme; il n'avait plus l'apparence d'un fils d'homme. » (Is 52,13)

Le vieil homme se réveilla en poussant un cri. Son visage était inondé de larmes. Que lui arrivait-il ? Il ne pouvait plus rien contrôler. Il s'empara du cadre avec la photo d'Irène et l'implora de lui venir en aide. Celle-ci lui sourit. Pierre s'évanouit.

Raymond : la révélation

« Tu parles d'une maison de retraite, c'est une prison, oui ! », rechignait l'abbé à peine réveillé. À la place des geôliers, des infirmiers et des soignants auxquels il faut obéir à la lettre sinon panpan cucul… Tout est rigoureusement chronométré, même le temps passé sur le pot. Si par malheur on dépasse le *timing*, on peut se retrouver bloqué toute la journée sur la chaise percée.

C'est ce qui était arrivé à Ginette, sa voisine de palier paralysée, emportée par la grippe. Faut dire aussi que la soignante l'avait oubliée devant une fenêtre ouverte. Manque de pot pour Ginette, c'était en plein mois de février !

« La pauvre, paix à son âme… Au moins, maintenant, elle peut gambader sur les vertes prairies du royaume de Dieu », se consolait l'abbé.

La vie à l'EHPAD était loin d'être facile. Si les familles savaient, elles y regarderaient à deux fois avant d'y placer leurs anciens. Et lui, pour quelle raison l'évêché avait-il décidé de l'abandonner tel un colis encombrant aux portes de la vieillesse ? Il était encore valide, même s'il n'y voyait pas trop bien et qu'il était à moitié sourd. Ah oui, c'est vrai : il fallait loger le jeune curé fraîchement sorti du séminaire. Il n'y avait plus de place pour lui au presbytère. Peu importe s'il y avait passé les dix dernières années de sa vie et qu'il avait fait des travaux… De toute façon, il sentait bien qu'il était de trop dans la paroisse. Les fidèles ne lui adressaient pratiquement plus la parole. C'est à peine s'ils lui disaient bonjour. Fini les déjeuners dominicaux, les invitations aux anniversaires des tout-petits et les tartes aux pommes. C'est bien connu : les vieux n'intéressent plus personne… Mais tout de même, l'évêque pourrait venir le visiter ! Après tout, ils n'étaient qu'à quelques kilomètres l'un de l'autre. Oui, son Église l'avait abandonné. Son épouse l'avait trahi… Pourtant, aujourd'hui, ils allaient fêter leurs noces d'or…

Il faisait froid, mais l'air était pur. Pur comme son amour pour Dieu. Malgré la gelée matinale, l'abbé Raymond était de sortie. *La Dernière Halte* était située dans un parc en lisière de forêt. C'est là, au milieu des bois, que le vétéran de Dieu avait décidé de célébrer la messe anniversaire de sa prise d'habit. De son mariage avec Dame l'Église… Vêtu d'une longue gabardine grise, sa malette en cuir noir à la main, il ressemblait à un homme d'affaires. Ce qu'il était véritablement… sauf que dans son cas, il s'agissait des affaires du Bon Dieu. Inutile de préciser combien certains dossiers pesaient lourd dans la balance de la vie ! Au bout de quelques mètres, il s'arrêta devant un immense rocher plat à l'horizontale. Il en fit le tour émerveillé. La pierre était polie, sans la moindre ride ni fissure. Il remercia son Dieu qu'il aimait tant de lui avoir apprêté cet autel taillé dans le roc pour célébrer la messe. Il savait que la roche avait été préparée de toute éternité pour cette occasion : servir d'autel religieux où l'Agneau Sauveur du monde serait immolé et ressuscité pour devenir le Précieux Corps et Sang du Christ. Quelle belle mission que le Seigneur avait confiée au rocher ! Quelle fierté celui-ci devait en tirer ! Chaque créature humaine, animale, végétale, luminaire, minérale avait une mission à accomplir durant son temps sur terre. Rien n'était là par hasard, tout avait un sens. Il se rappela les paroles du prophète Isaïe (55,10) :

> « La pluie et la neige qui descendent des cieux n'y retournent pas sans avoir abreuvé la terre, sans l'avoir fécondée et l'avoir fait germer, donnant la semence au semeur et le pain à celui qui doit manger. »

Dire que les hommes vivaient repliés sur eux-mêmes en passant à côté des merveilles de Dieu ! Ils ne considéraient la création que pour la détruire ou bien l'exploiter, qu'il s'agisse de la nature comme des créatures. Toute forme de vie est un don de Dieu dont il faut prendre soin.

L'abbé posa sa malette au pied d'un chêne majestueux qui surplombait l'imposante pierre. Son tronc monumental en disait long sur le nombre de ses années. Il se dressait au-dessus de l'autel telle la colonne sacrée au milieu du temple de Salomon. L'arbre dégageait de la noblesse, il imposait le respect. Raymond en fit le tour effleurant son écorce du bout des doigts. Il s'arrêta devant lui ébahi, loua Dieu pour sa création et bénit le chêne en lui faisant le signe de la croix. Au moment de la bénédiction, sa sève tressaillit, son écorce devint brûlante. Le prêtre eut un mouvement de recul. Il savait bien que toute la création était vivante, mais de là à la ressentir comme telle !

L'abbé sortit de sa malette une nappe blanche qu'il déplia méticuleusement et installa sur l'autel de fortune.

Il y déposa un petit napperon blanc, une coupe dorée et un calice. Il fouilla dans ses poches et sortit un paquet de *cigarillos*, son seul péché mignon. Il l'ouvrit et prit un briquet dissimulé à l'intérieur. Il le referma tout aussi vite, car il ne voulait pas être tenté de prendre une cigarette avant la cérémonie. Ce gros fumeur devant le Père Éternel faisait le jeûne du tabac avant chaque messe. « Quand on fait une offrande au Bon Dieu, autant que cela nous coûte », disait-il. L'abbé alluma un petit lumignon qu'il avait ramené de Lourdes lors de son dernier pèlerinage avec les scouts avant de se faire incarcérer dans l'EHPAD.

Tout était fin prêt, le père avait revêtu son aube. Le ciel chargé avait laissé place à un éclatant soleil. Les rayons se reflétaient sur le calice comme pour le bénir. Pour un peu, on eut cru qu'il s'agissait du Saint Graal. L'abbé eut à peine le temps de se signer qu'un petit moineau vint se poser sur son épaule. Bien qu'il n'ait pas le bouchon à la rigolade, il sourit.

« Dis donc, tu n'es pas du genre farouche toi ! », dit l'homme de Dieu à l'oiseau qui écarquillait les yeux comme s'il comprenait.

« Qui sait, peut-être comprenait-il ? », se dit le prêtre. Il se mit à penser à saint François d'Assise dont la doctrine et la simplicité le rejoignaient.

« Après tout, le saint ne dialoguait-il pas avec les animaux ? Il s'était même fait ami avec un loup ! Il l'appelait "son frère"… Si Dieu avait créé tous les êtres vivants, c'était pour qu'ils puissent communiquer les uns avec les autres afin de s'aimer les uns les autres. Notre Dieu était un Dieu d'Amour et de communication. Le propre même de la vie est la rencontre, l'échange, la transmission. Sans cela, comment peut-on grandir et aimer ? »

Le prêtre lut à voix haute les textes du jour. La première lecture était extraite du livre de la Genèse :

> « Dieu dit : "Que les eaux foisonnent d'une profusion d'êtres vivants, et que les oiseaux volent au-dessus de la terre, sous le firmament du ciel." Dieu créa, selon leur espèce, les grands monstres marins, tous les êtres vivants qui vont et viennent et foisonnent dans les eaux, et aussi, selon leur espèce, tous les oiseaux qui volent. Et Dieu vit que cela était bon. Dieu les bénit par ces paroles : "Soyez féconds et multipliez-vous, remplissez les mers, que les oiseaux se multiplient sur la terre." Il y eut un soir, il y eut un matin : cinquième jour. Et Dieu dit : "Que la terre produise des êtres vivants selon leur espèce, bestiaux, bestioles et bêtes sauvages selon leur espèce." Et ce fut ainsi. Dieu fit les bêtes sauvages selon leur espèce, les bestiaux selon leur espèce, et toutes les bestioles de la terre selon leur espèce. Et Dieu vit que cela était bon » (Gn 1,20-25).

« Oui, Dieu aimait les animaux. S'il les avait créés et bénis, c'était par amour. Eux aussi, comme toute la création, faisaient partie de son projet de vie éternelle. Lors du Déluge, n'étaient-ils pas dans l'arche avec Noé et les élus ? Si Dieu les avait sauvés, ce n'était pas pour les abandonner après. La vie éternelle dont parlait le Seigneur n'avait rien à voir avec nos projections et représentations personnelles. Elle trouvait sa source dans Son propre Cœur qui n'est qu'Amour, partage et joie. »

L'abbé respira un grand coup comme pour happer l'Amour de Dieu présent dans l'oxygène. Il ferma les yeux et les rouvrit tandis que des larmes coulaient sur ses joues : « Père Éternel et Tout-Puissant, Créateur de toute vie, je te loue pour l'immensité de ton Amour qui va bien au-delà de ce que les hommes pensent. Ton affection et ton attachement pour toutes tes Créatures et toute ta création dépassent tout entendement. »

Nul doute que ce jour-là, saint François d'Assise s'était invité à la Table Sainte, non loin du prêtre... Raymond enchaîna sur l'Évangile de Luc, au chapitre douze, lorsque le Christ témoigne de Son regard d'amour unique posé sur chacune de ses créatures, si infimes soient-elles : « Est-ce que l'on ne vend pas cinq moineaux pour deux sous ? Or pas un seul n'est oublié au regard de Dieu. » Décidément les animaux avaient la cote avec le Bon Dieu ! » s'enthousiasma l'abbé, un sourire au cœur.

Au moment de la célébration eucharistique, il fut interrompu par l'arrivée inopinée d'un renard qui s'assit face à lui et qui l'observait sans bouger.

« Mes aïeux, un renard, il ne manquait plus que ça ! Maigre comme il est, il doit être affamé. Que faire ? Courir ? Pas question d'abandonner le Seigneur sur l'autel ! »

Il commençait à prier pour que l'animal disparaisse lorsqu'une biche vint se joindre à eux. La belle prit place juste derrière le renard. Intrigué, celui-ci tourna la tête dans sa direction. La rixe était inévitable. En pleine messe, célébrant la vie et son Auteur, il allait assister à la mise à mort de la biquette ! Avait-il copieusement déjeuné, souffrait-il d'un mal quelconque, le fait est que monsieur renard n'eut que faire de dame biche. Raymond eut le souffle coupé. Comment cela était-il possible ? Avait-il basculé dans la quatrième dimension, à moins que le règne de Dieu ne soit pleinement descendu sur terre sans qu'il ne le sache ?

« Je suis l'Alpha et l'Oméga, le Maître de toute vie, le commencement et la fin », dit une voix qui provenait de l'autel.

Raymond tomba à genoux. Il se cacha le visage avec ses mains.

« Mon Dieu, il se retrouvait en présence du Très Haut, lui, le vermicelle, dans l'état imparfait de son être pécheur ! »

La voix reprit : « Mon fils, à chaque fois que tu célèbres l'Eucharistie, je suis là. L'aurais-tu oublié ? Ou bien tes lamentations t'empêcheraient-elles d'accueillir ma présence et de voir mon œuvre ? Tu te plains de l'absence de ton père l'évêque et tu ne remarques pas même la présence de ton Père Céleste qui est auprès de toi. Je suis non seulement présent dans l'hostie consacrée mais dans toute ma création. Dans ce chêne, c'était moi. Dans ce rayon de soleil, c'était encore moi. Dans le cœur tendre de ma créature renard et dans celui de ma créature biche, j'étais là. Tout comme ce moineau qui chantait les psaumes sur ton épaule… Je me révèle à toi comme jadis à mon serviteur Élie. Celui-ci m'attendait dans le tremblement de terre et dans le feu alors que je me trouvais dans la brise légère… Où sont l'AMOUR et la VIE, JE SUIS. Ton épouse ne t'a jamais trahi. Ton épouse, c'est moi. Je suis l'Église, l'Église est moi. Tous deux ne formons qu'un. Si tu juges et rejettes l'Église, tu me rejettes et tu rejettes ma mère, la Vierge Marie, l'épouse de l'Église. Te rends-tu compte mon fils ? »

Gagné par l'émotion, le vieux prêtre ne pouvait plus bouger. À travers les paroles du Très-Haut, il réalisait combien c'était lui qui avait abandonné l'Église. Et non le contraire…

« Mon enfant, soit en paix : je t'aime bien au-delà de tout ce que tu peux imaginer… Et jamais je ne t'abandonnerai. »

L'abbé Raymond fondit en larmes et ressuscita à la vie.

Suzette dite « Suzy » : l'apaisement

Pour se laver du sale souvenir que lui avait laissé Tonio, Suzy décida de se jeter à l'eau. Cela faisait depuis des années qu'elle en rêvait ! Cette croisière au Brésil via la plus luxueuse compagnie maritime était toujours prise d'assaut. Et pour cause : elle offrait tout ce dont on pouvait rêver : spa, cours de yoga, chaises longues, cocktails à volonté, table renommée – étoilée au guide attrape-touristes –, piscine, bowling, cinéma, discothèque, casino, distributeur de préservatifs. Le bonheur absolu ! Celui derrière lequel Suzy et Loulette, sa meilleure amie, avaient couru toute leur vie.

Le grand jour tant attendu arriva enfin ! Après un vol chaotique « *from Paris* » et de grosses frayeurs – trous d'air, bug informatique, atterrissage délicat, rupture de champagne –, les deux compères arrivèrent enfin à Rio de Janeiro. Elles sautèrent dans le premier taxi venu – qui leur fit payer le triple de la course –, direction l'embarcadère.

À peine arrivées, une hôtesse au sourire figé vint à leur rencontre et les pria d'embarquer sans tarder.

L'*Oasis*, le volumineux paquebot, tenait davantage d'un poulailler que d'un prestigieux navire. Rien à voir avec les photos du dépliant. Remplie à ras bord, l'embarcation quitta le quai sous les accords dissonants d'une fanfare qui jouait la musique du film le *Titanic*. À bord, se trouvait une clientèle majoritairement âgée. Sur le pont, agglutinés contre les rambardes, les plaisanciers faisaient leurs adieux au port en agitant des mouchoirs comme s'ils n'allaient plus jamais le revoir. Était-ce prémonitoire ? Le paquebot disposait de six étages. À chaque étage correspondait son thème. La décoration, kitch à souhait, variait selon les niveaux. Le sixième, celui dans lequel logeaient Suzy et Loulette, était dédié à l'amour. Les amies avaient jeté leur dévolu sur la suite « VIP standard confort », la moins onéreuse de la gamme. Elles avaient décidé de partager tous les frais. Vu que Lou – Loulette – ne roulait pas sur l'or et que Suzy était avare, il leur fallut bien trouver un compromis… Qu'importe tant qu'elles demeuraient au sixième étage, celui des nantis, tout allait bien ! Leur cabine, baptisée *Les feux de l'amour*, ne dépassait pas quinze mètres carrés. Un épais velours rouge torsadé recouvrait les murs tandis qu'une immense glace, accrochée au plafond, reflétait le joyau de la déco : un lit à baldaquin. Le couchage, tout comme la coiffeuse coloniale et le sofa en forme de cœur, provenait d'Heureux Disney, le partenaire bonheur de l'*Oasis*. Bien que déçues, les copines firent bonne figure. *Anyway*, comme disait Suzy, il fallait vaquer au plus important : se préparer pour être les plus belles au bal d'ouverture qui avait lieu ce soir. Et franchement, il y avait du boulot !

Après une douche prise à la va-vite et trois heures de ravalement, les filles quittèrent leur cabine le cœur léger – comme leur porte-monnaie. Frétillantes comme de jeunes lycéennes se rendant à leur premier bal, elles pressaient le pas, impatientes. Pour l'occasion, Suzy avait revêtu sa robe rouge en taffetas au décolleté plongeant et ses escarpins Balenciaga. Coquins, ces derniers lui comprimaient tellement les pieds qu'elle boitait. Il fallait savoir souffrir pour être belle ! Ses bas à varices n'avaient pas réussi à maîtriser l'œdème dont elle souffrait de manière chronique. Passé un certain âge, la circulation comme la vie devenait de plus en plus difficile. Qu'importe, elle en avait vu d'autres ! Et ce n'était certainement pas une paire de souliers qui l'empêcherait de rencontrer « le beau gosse de sa vie » ! Lou, elle, avait opté pour un style classique : elle portait un tailleur Chanel bleu roi – récupéré de justesse avant son divorce tout comme son collier en perles fines. Il faisait ressortir le bleu de ses yeux, un attrape-nigaud dans lesquels plus d'un homme était tombé. Les filles formaient un duo de choc. Manipulatrices nées, tout était minutieusement calculé. Même leur retard… Comme ne cessait de le marteler Suzy à sa « disciple Lou », c'était un *must* que d'arriver en retard. Il fallait se faire désirer. Sauf que dans le cas présent, personne ne les attendait. Le défi était de taille : elles s'étaient promis de ne pas passer inaperçues parmi les mille cinq cents convives. Leur souhait se réalisa mais pas de la façon dont elles l'auraient souhaité.

La fête battait son plein. La sangria coulait à flots comme les vagues qui les emportaient au large. Accoudées contre le bar en zinc, les *pin-up* contemplaient la pléiade de mâles grisonnant dansant sur de la musique techno.

« Il y a quand même beaucoup de vieux, non ? lança Suzy, désabusée.

— Cocotte, je te signale que ces messieurs sont pour la plupart plus jeunes que nous…

— Il ne faut quand même pas charrier ! rétorqua Suzy, vexée. Elle sortit de son sac sa trousse de maquillage et se repoudra le bout du nez.

— Et puis d'abord, et alors ?! »

Quelle idiote que cette Loulette, se déprécier à ce point ! Ce n'est pas parce qu'elles étaient les doyennes de la soirée qu'elles devaient se contenter. De toutes les manières, elles ne faisaient pas leurs âges ! En tout cas, elle, Suzy… Ces opérations à tire-larigot lui coûtaient des milliers d'euros certes, mais elles marchaient ! Elle ne remercierait jamais assez Dieu d'avoir inventé le botox : c'était le clou de sa création !

Suzy avait une drôle de relation avec Dieu, tantôt elle y croyait, tantôt pas. À vrai dire, elle y croyait surtout quand elle avait besoin de lui. Le nombre de cierges qu'elle avait allumés pour lui demander « fais ci, fais ça, donne-moi ci, donne-moi ça » était impressionnant. Il rivalisait presque avec son nombre d'opérations, c'est pour dire ! Par contre, pour remercier le Bon Dieu, il n'y avait plus personne. Comme un grand nombre de gens, elle souffrait d'« Alzheimer Gratitude »…

Un homme qui devait bien avoir dix ans de moins qu'elle s'approcha, souriant.

« Tiens, regarde, il y a Georges Clooney ! » s'amusa Lou sur le ton de la boutade.

Suzy qui n'y voyait rien sans ses lunettes – pas question de les porter, ça vieillit ! –, prit son amie au pied de la lettre.

« Me permettez-vous de vous offrir un *drink* ? dit l'homme, jovial, avec un fort accent du Sud.

— Pourquoi « un » ? rétorqua Suzy telle une adolescente barbouillée de fausse assurance.

— Et moi alors ? s'indigna Lou qui avait un fort penchant pour la bouteille.

— Mais je m'adressais à toutes les deux… » reprit le beau parleur du Sud.

Loulette s'arrangea, coquette, les cheveux tandis que Suzy la foudroyait du regard. Elle n'allait tout de même pas remettre ça ! Jamais elle n'oublierait la fois où elle lui avait fait sauter Maurice, son premier *flirt*.

« Trois coupes ! lança au serveur le méridional.

— Je pense que pour l'occasion, nous pouvons prendre une bouteille, non ? susurra Suzy faussement mutine. Ce n'est pas tous les jours que l'on rencontre « Georges »... conclut-elle en se voulant sensuelle. »

L'homme, heureux de voir la tournure que prenait la soirée, se ravisa :

« Nous allons prendre une bouteille, monsieur... » dit-il joyeux au serveur.

Quelques cadavres de bouteilles *after*...

Affalé sur un sofa, l'homme contait fleurette à Suzy. Profitant des verres qu'elle avait dans le nez, il lui déposait de furtifs baisers faisant glisser sa langue sur son cou. À côté d'eux, Loulette ronflait. Le prenant réellement pour l'acteur Georges Clooney, Suzy lui dit :

« Quelle humilité tout de même ! On peut dire que vous, vous n'avez pas la grosse tête.

— C'est ma nature, je suis quelqu'un de simple..., dit le gars du Sud avec un accent digne de la Canebière.

— Quand même Georges... et quel français parfait vous parlez ! »

Georges, *alias* Marius, était maçon. Pour son départ à la retraite, ses collègues s'étaient cotisés pour lui offrir cette croisière. Il leur avait tellement rendu de services dans la vie qu'il méritait bien ça !

« Ce n'est pas trop dur le monde du *showbiz* ? continua Suzy dans son idée fixe. Et votre relation avec Pénélope Cruz, elle est finie ? Je vous préviens tout de suite : je ne tiens pas à avoir des ennuis ! Les Latines ont le sang chaud...

— Pas qu'elles, ma belle…, je l'ai plaquée pour toi ! répondit Marius en lui fourguant sa grosse langue râpeuse dans la bouche. Prise de nausées, Suzy eut un haut-le-cœur et lui vomit dessus.

Surpris, le Marseillais poussa un cri.

— *Porca miseria, va fare !* »

Lou se réveilla en sursaut. Face à ce tableau apocalyptique, elle ne put retenir les sushis fraîchement ingurgités à l'apéro, et dégueula sur la veste Carrefour du séducteur qui vomit à son tour.

Suzy et Loulette dormaient profondément dans le lit IKEA à baldaquin made in « Heureux Disney ». Telles deux petites-filles, elles se tenaient par la main. Elles s'étaient rencontrées en primaire dans la classe de Mme Pic, depuis elles ne s'étaient plus quittées. Leur aversion pour l'école et particulièrement pour leur vieille toquée de prof les avait tout de suite rapprochées. La sirène d'alarme du bateau se déclencha tout à coup. Un grave incident venait de se produire… Y avait-il un feu ou bien ? Les filles vaseuses se réveillèrent en sursaut. Prise de panique – et surtout d'alcool –, Loulette remit le couvert et rendit le reste des sushis sur les cheveux fraîchement teints de son amie.

Rassemblés en rang d'oignon sur le pont, les hôtes étaient apeurés. C'est à peine s'ils osaient respirer. Le capitaine s'empara d'un micro et prit la parole. L'équipage se tenait à ses côtés, raide comme un piquet. Oui, quelque chose d'alarmant venait de se passer… Aux premières loges, Suzy et Lou catastrophées n'en croyaient pas leurs yeux. C'est à peine si elles tenaient sur leurs jambes. Dans quelle galère s'étaient-elles embarquées ?!

« L'heure est grave… dit le capitaine sur un ton solennel. Des corsaires ont craqué notre système informatique, mettant *l'Oasis* à l'arrêt.

— Ooooh ! laissa échapper la foule, stupéfaite.

— Ce n'est pas tout… Ils arrivent ! balbutia l'officier au bord de la syncope.

— Aaaah… reprit la populace.

— Tenez, regardez : les voilà ! » marmonna le gradé en pointant du doigt une embarcation au loin qui se dirigeait droit sur eux.

En deux temps trois mouvements, les flibustiers accostèrent à bord du navire. L'un d'eux était le sosie de Tonio, le bel italien. Frappée par une poussée d'angoisse, Suzy chancela. Loulette, à ses côtés, la retint par le bras. Leur chef portait un bandeau en cuir noir sur l'œil. Rattrapée par son côté midinette, Suzy s'interrogea :

« L'homme était-il vraiment borgne ou bien se donnait-il un style ? Il était trop sexy avec son œil bandé ! »

Quoi qu'il en soit, elle se promit de s'en procurer un de retour à Paris. Si toutefois, elle revenait… Sans dire un mot, le bandit s'approcha du capitaine et lui arracha sa montre. Il ordonna à ses hommes de s'emparer des biens de l'équipage et de ceux des vacanciers. Certaines personnes s'évanouirent, d'autres imploraient à genoux les boucaniers. « Marius Georges Clooney » refusa de se faire ôter sa gourmette en argent, un cadeau de sa défunte mère. Il partit la retrouver sur le champ ! Ni une, ni deux, le chef le fit passer par-dessus bord sous les acclamations de sa bande.

Après avoir fait ripaille, vidé la cave du paquebot et dépouillé les touristes, alors qu'ils s'apprêtaient à partir, le borgne s'arrêta devant Suzy. Ne sachant que faire, elle lui sourit. On ne se sait jamais, un petit coup de drague pourrait l'adoucir… Son œil se posa sur sa dent en diamant. Il prononça des paroles en dialecte en prenant ses compères à témoins. Ceux-ci furent stupéfaits par ses propos. Qu'avait-il bien pu leur dire ? En un tour de bras, il empoigna Suzy et l'emporta sur son épaule tel un vulgaire bestiau. Elle qui rêvait de Michèle Mercier et qui se prenait pour Angélique marquise des anges partageait son cruel destin. Geoffrey de Peyrac l'attendait-il à la croisée des océans ?

« Loulette, Loulette ! » cria-t-elle avant de disparaître sur leur zodiac baptisé le *Commodore* – le même nom que le navire de Geoffrey dans le film…

Après avoir passé deux jours à traverser l'épaisse jungle, avoir manqué de se faire avaler par un crocodile et dévorer vivante par des fourmis rouges, Suzy, sous escorte, arriva à la fin du voyage. Ses ravisseurs la conduisirent jusqu'au plus vieil indigène d'Amazonie. Son village faisait partie des derniers bastions que l'homme blanc n'avait pas encore souillés. Quand il l'aperçut, le bicentenaire vint à sa rencontre. Il avait rêvé de Suzy, « la femelle au croc en diamant ». C'est pour cela que son arrière-arrière-arrière-petit-fils l'avait kidnappée et conduite jusqu'à lui. Ce redoutable et sanguinaire corsaire retombait en enfance dès qu'il était en présence de son arrière-arrière-arrière-grand-père. « Les liens de la famille »…

Accompagné par les anciens de la tribu, Itoka s'approcha de Suzy les yeux brillants. Les autochtones l'encerclèrent. Des femmes s'approchèrent d'elle et lui touchèrent les cheveux. Jamais de leur vie, elles n'avaient vu une pareille chevelure couleur soleil ! Faut dire que Suzy avait un peu forcé sur la teinture : elle était blonde platine lingot d'or phosphorescent. Comme dirait l'autre, elle attirait le regard ! Pour une fois dans sa vie, elle regretta de ne pas passer inaperçue… L'entité lui caressa le visage délicatement. Elle se mit à pleurer. Était-ce dû à la fatigue, la peur ou à ses lourdes valises qu'elle traînait depuis l'enfance et qu'elle faisait mine d'ignorer ?

L'homme essuya ses larmes à l'aide d'une feuille provenant d'un arbre millénaire aux vertus médicinales.

D'inestimables trésors se trouvaient dans la nature, sauf que l'homme « accidental » était incapable de les percevoir… Contrairement aux peuplades dites « civilisées », ici on respectait la création : les hommes, les animaux, l'écosystème. Les indigènes considéraient les anciens comme un cadeau pour la communauté, une grâce pour cheminer. Ils vouaient un fervent culte à leurs ancêtres et prenaient soin de leurs aînés. Pas une seule décision n'était prise sans les consulter. Forts de leur expérience et de leur sagesse, ils transmettaient ce que la vie leur avait enseigné faisant le bonheur des plus jeunes, mettant au défi les adultes. Car l'homme mûr était un prédateur, il voulait toujours faire mieux que les autres.

Itoka, qui était un homme bon, prit soin de « la femme blanche au diamant sur la dent ». Bien qu'il ait eu le coup de foudre pour elle, il ne s'imposa pas à elle et la traita comme sa propre fille. Il remarqua bien vite ses bleus à l'âme et confia sa guérison à la création. La nature qui était le marchepied de Dieu la conduirait jusqu'à lui. Seul le Tout-Puissant disposait du baume apaisant pour exorciser ses peurs d'enfant et l'amener à se relever.

Un jour, alors qu'elle se lavait dans la rivière, elle aperçut le reflet de son visage dans l'eau cristalline. Cela faisait depuis bien longtemps qu'elle n'avait pas croisé de miroir. Et depuis, « l'effet-mère » du botox s'en était allé… Prise de panique, elle se mit à pleurer lorsqu'une voix au plus profond de son être s'adressa à elle :

« Ne crains pas petite-fille… Tu n'es pas seule, je suis là.

— Qui es-tu ? souffla-t-elle tremblante.

— Je suis Jésus, celui qui t'aime pour ce que tu es…

— Une personne qui m'aime pour ce que je suis… ? Oooh ! s'émerveilla-t-elle tandis que la vie reprenait dans ses yeux.

— Ne cherche pas à être quelqu'un d'autre mais deviens pleinement celle que tu es selon ma volonté. Avec moi à tes côtés, dans l'amour et le respect. Je ne te connais que trop bien ma "petite fille rebelle"… »

Des cris provenant du village sortirent Suzy de son indescriptible échange. Sans plus attendre, elle courut rejoindre la tribu, sa véritable famille. Quelle ne fut pas sa surprise lorsqu'elle aperçut Loulette tenant en joue les indigènes avec une carabine 22 *long rifle* ! *Indiana Jones* n'avait qu'à bien se tenir ! « La foi et l'amour qui déplacent des montagnes »…

Si Lou avait réussi son pari fou, c'est parce qu'elle aimait son amie plus que tout. Pour rien au monde, elle ne l'aurait abandonnée. Si elle n'était pas intervenue le jour de son enlèvement, c'était à cause de cette satanée gueule de bois ! Elle était en train de vomir au moment où les bandits l'avaient embarquée. À partir de cet instant, elle s'était fait le serment de la délivrer de ses ravisseurs qui empestaient la sueur et le tabac, et d'arrêter l'alcool.

« Tu ne crois tout de même pas, vieille botoxée, que j'allais te laisser tomber ? » se contenta-t-elle de balancer en roulant des mécaniques.

Suzy courut se jeter dans ses bras. Si elle n'avait pas rencontré l'amour de sa vie, elle avait rencontré « l'amie de sa vie »…

Lou resta quelque temps auprès des autochtones ; le temps de ne plus avoir envie de repartir… Mais sa vie était ailleurs, dans l'Hexagone. C'est là que se trouvaient ses repères. Sans ses soirées *bridge* au Racing Club et ses goûters au célèbre salon de thé Angélina, que deviendrait-elle ? Sans parler de ses séances de *yoga* vitales pour maintenir sa paix intérieure ! Elle supplia son acolyte de retourner avec elle en France. La mort dans l'âme, celle-ci refusa :

« Ici, je suis à ma place, dans ma vraie vie. Tu te rends compte, il aura fallu que j'aille au bout du monde pour me trouver ! Ces gens-là, dit-elle en désignant les indigènes, m'ont appris que l'essentiel était caché aux yeux. Et puis, il y a "la voix"...

— "La voix" ? Comme dans *Secret Story* ? – Lou était fan des émissions de téléréalité.

— Non, La voix comme dans « Jésus-Christ »... Je me sens plus proche de lui ici. Il me parle... »

Lou tombait des nues. Qu'était-il arrivé à sa Cocotte ? Avait-elle pété une durite ? À moins que ce ne soit un début d'Alzheimer ? Le fait est qu'elle était méconnaissable. Et tellement plus belle ! En réalité, Suzy rayonnait. Elle rayonnait de la paix qui vient de Dieu.

Loulette repartit à Paris laissant son amie à sa nouvelle vie, mais pas très longtemps : poussée par les ailes de l'amour – « l'amitié, c'est l'amour sans les emmerdes car sans sexe » disait-elle –, elle revint en Amazonie auprès de sa vieille toquée d'amie. Le plus fou, c'est que, sans le savoir, elle allait débarquer le jour de ses fiançailles avec Itoka ! Un soir de calumet de la paix bien arrosé, avec une boisson sacrée dont les aborigènes gardaient le secret, Suzy sauta sur le bicentenaire pour ne plus le quitter.

C'est ainsi qu'une fois de plus, l'Éternel Tout Puissant faisait lever son soleil dans le cœur de ses enfants...

La Sans-Nom : le pardon

« Je viens voir la Sans-Nom… souffla timidement Sim à l'hôtesse d'accueil qui scrutait son *smartphone*.

— La quoi ? dit la jeune fille sans décrocher les yeux de sa peluche numérique.

— La Sans-Nom… reprit la pauvrette.

— « La Sans-Nom », c'est son nom ? continua la jeune sans lui jeter le moindre regard.

— Ben non, puisqu'elle est sans nom !

— Vous vous moquez de moi ? lança l'hôtesse en décrochant enfin ses yeux de son joujou.

— Pensez donc ! J'me permettrai point. Elle s'est fait renverser tantôt par le livreur de pizza. C'est les pompiers qui l'ont emmenée hier soir…

— Ça va être vite réglé : hier soir, j'étais de repos. C'est ma collègue qui peut vous renseigner.

— Ben où qu'c'est-y qu'elle est votre collègue ?

— Elle n'est pas là. Elle ne reviendra que ce soir à 22 heures Vous n'avez qu'à l'attendre, dit-elle machinalement en désignant un banc à l'entrée en plein courant d'air.

— Elle est au sous-sol dans la chambre commune... intervint une collègue qui avait suivi la conversation. C'est là qu'on met les SDF. Enfin, les gens qui sont dans la précarité...

— Comment je peux savoir ? À moi, on ne me dit jamais rien ! » bougonna la jeune femme en plongeant de nouveau dans son écran.

Sim, son indécrottable bonnet sur la tête, descendit un long couloir surexposé de lumière. Elle ne semblait pas trop savoir où elle allait. Elle aurait bien voulu demander à un soignant son chemin mais il n'y avait personne pour la renseigner. Elle les avait vus, ils étaient tous aux étages supérieurs à s'occuper du « beau monde »... En haut, c'était une vraie fourmilière mais ici, il n'y avait pas âme qui vive. La seule présence qui se faisait entendre était celle d'un néon qui grésillait. L'endroit était lugubre à souhait. On eut dit un décor de film d'épouvante. La blanchâtre lumière faisait ressortir le côté glauque des murs décrépis. Sim s'avança timidement jusqu'à une grande porte sur laquelle était inscrit « chambre mortuaire ». Elle déglutit, se signa et fit demi-tour. Une infirmière sortit d'une pièce adjacente, elle sursauta. Un brouhaha de voix s'échappa de l'endroit ; elle prit soin de vite refermer derrière elle. En un instant, la pauvrette reconnut le dissonant vacarme de la précarité. Les malheureux ne parlaient pas, ils braillaient. Même si le monde les ignorait, ils beuglaient leur souffrance à la face des hommes.

« Qu'est-ce tu fais-là, ma sœur, tu t'es perdue ? s'inquiéta Leïla, l'infirmière.

— Ça oui alors ! Ça fait ben deux heures que je tourne en rond, pis y a personne pour me dire où que j'dois aller ! Je viens voir la Sans-Nom... Les pompiers l'ont ramené cette nuit. Y'a le livreur de pizza qui lui est rentré dedans !

— Une femme fine avec une robe blanche en dentelle et de longs cheveux gris ?

— A y est, c'est elle, c'est la Sans-Nom !

— Vu son état, on l'a changé de service. Elle est aux soins intensifs.

— Quel état ? » peina Sim chancelante.

C'est que sa princesse, elle l'aimait ! Leïla, qui avait le cœur sur la main, essaya de la rassurer tant bien que mal. Sim était d'une nature anxieuse. Le malheur rend fragile. L'infirmière demanda à une collègue de la remplacer le temps de l'accompagner auprès de son amie.

La Sans-Nom n'était guère restée aux urgences. N'ayant plus de lits de disponible, le chef de service décida de donner sa place à un courtier qui venait de faire une chute en trottinette. Rien de bien grave mais tout de même… À la bourse des apparences, les bénéfices différaient selon les individus. Victor, le médecin, se plaisait à séparer le bon grain de l'ivraie : *Le* golden boy *aidait à faire tourner la boutique du monde tandis que cette femme-là ne contribuait qu'à l'appauvrir… Et puis honnêtement, qui allait se soucier d'elle ? À part une gueuse comme sa collègue à la drôle de tête qui venait lui casser les pieds pour prendre de ses nouvelles.*

Le professeur se félicitait de son sang-froid – comme son cœur – qui le poussait toujours à prendre les bonnes décisions.

« Cette dame vient voir la patiente qui s'est fait renverser par un scooter et que les pompiers nous ont ramenée cette nuit, dit Leïla, avenante.

— Le numéro 8 ? rétorqua froidement le ponte. Il n'est plus ici !

— Pour quelle raison ? interrogea l'infirmière qui tombait des nues.

Le médecin la prit de haut : *De quel droit cette petite infirmière, musulmane de surcroît, se permettait-elle de lui demander des comptes ? Qu'elle retourne dans sa banlieue faire les ménages !* Il allait la remettre en place et faire un acte de pouvoir quand tout à coup ses yeux se portèrent sur sa poitrine. C'est que le docteur vouait un fervent culte aux seins. *Hum, des femmes aux fortes poitrines, ça ne court plus les rues de nos jours… elle doit bien faire du cent, bonnet D. Bon allez, passe pour cette fois…*

« On a tout essayé mais il n'y a rien à faire. Elle est dans le coma. C'est pour cela que nous l'avons déplacée dans la chambre de transfert…

— Mais pour la transférer où ? s'informa Leïla en ouvrant de grands yeux.

— Cette femme n'a aucune chance de s'en sortir. Concrètement, cela veut dire qu'il faut songer à “la libérer”… Si vous souhaitez la voir, elle est aux soins palliatifs. »

L'infirmière accompagna Sim jusqu'à sa chambre et l'introduisit à l'intérieur. On ne sait jamais, certaines de ses collègues pourraient lui interdire l'accès à cause de son apparente pauvreté.

La Sans-Nom était là, allongée sur le lit. Offerte… Un diamant dans un écrin de souffrance. Vêtue de coma, elle portait un beau chapelet de perfusions. Malgré son état, elle était encore plus belle que d'habitude. Sa classe innée l'avait une fois de plus emporté. Sim s'approcha d'elle sur la pointe du cœur.

« Je peux la toucher ? dit-elle en se retournant vers Leïla. Me suis lavée les pognes », précisa-t-elle humblement en lui montrant ses mains.

L'infirmière acquiesça par un sourire. Son portable sonna, elle dut partir à la hâte. Un autre patient l'attendait…

« Ne t'inquiète, pas petite sœur, souffla-elle avant de disparaître, je repasserai voir ton amie… »

Assoupie au chevet de sa mie, Sim se réveilla en sursaut. Elle prit peur car c'était le crépuscule. Il lui fallait coûte que coûte être de retour au campement avant la nuit. Après, ça devenait dangereux.

« Hey ma belle, dit-elle en lui prenant la main, faut que la môme, elle parte. C'est bientôt la nuit… J'voudrais pas qu'il m'arrive des bricoles. Comme la fois où Babar était saoul comme un coing et qu'il m'a piqué ma piaule pour fricoter avec la junkie… Heureusement que t'étais là pour mettre de l'ordre ! Comment tu l'as jeté, gaste! sourit-elle en laissant apparaître ses dents cariées en phase terminale. Ha, ha, ha !!! Main'nant, c'est tout juste s'il m'ouvre pas la porte ! hi, hi, hi !!! Je repasserai te voir demain ma belle. Dors bien… lui dit-elle en déposant un baiser sur sa main comme si elle embrassait une relique.

— *Non, ne pars pas Sim, je t'en prie !* » hurla la Sans-Nom sans que personne ne l'entende. Malgré son coma, la Sans-Nom était parfaitement consciente.

Leïla était une femme de parole. Le lendemain, son service à peine terminé, elle partit voir La Sans-Nom. Devant elle, le docteur Victor discutait avec une soignante des formalités concernant « son départ ». L'infirmière intercepta leur conversation.

« J'avoue ne pas bien comprendre, dit-elle, étonnée. De quel départ parlez-vous docteur ? Dans son état, la patiente ne peut aller nulle part. »

Flûte, il ne manquait plus qu'elle : l'infirmière à la forte poitrine ! Tiens, aujourd'hui, elle a mis un chemisier rouge. Hum, ce petit décolleté lui va à ravir…

« À ce stade-là, dit-il en se ressaisissant, ce n'est plus une patiente ! Elle ne sent ni n'entend rien… »

— *Comment osez-vous dire cela ?!* cria du plus profond de ses entrailles la Sans-Nom. *Je sens et j'entends tout ! Les caresses de Sim m'ont ravivé le cœur tandis que vos paroles m'écorchent les oreilles ! Je suis en vie ! Je suis là et bien là !*

— C'est notre devoir de mettre en place un protocole d'aide active à mourir, trancha le médecin chef.

— Au bout de 48 heures à peine, vous souhaitez l'euthanasier ? dit Leïla, déconcertée.

— M'enfin mon petit, j'ai 40 ans de carrière derrière moi et je peux vous assurer que cette femme, dont on ignore d'ailleurs le nom, est condamnée : elle ne se réveillera jamais ! Je vous rappelle que nous sommes en train de parler d'un légume…

— *Je ne suis pas un légume, mais une femme, et mon nom est Marie-Ange de Valène.*

— Laissez-moi vous rappeler que l'hôpital est en sous-effectif et que les places sont chères ! Nous ne pouvons décemment pas nous permettre de bloquer une chambre et du personnel pour cette inconnue que personne ne réclame ! Du reste, "l'euthanasie", pour reprendre vos mots, est un acte citoyen des plus nobles : il permet aux personnes âgées et aux malades de pouvoir témoigner de leur générosité envers leur entourage. Plutôt que d'être une source de contrainte pour leurs proches, pour ne pas dire un poids, ils préfèrent disparaître.

— Est-ce vraiment eux qui souhaitent disparaître ou bien est-ce le système ou leur famille qui les pousse à le faire ? »

Le docteur resta pantois. *« Comment pouvait-elle disposer d'une si belle poitrine et avoir autant de repartie ? »*

« Le corps médical est là pour soigner et accompagner les patients, non pour leur donner la mort. Hippocrate doit se retourner dans sa tombe !

— Excusez, mais je suis attendu », conclut-il comme s'il s'agissait de soins à prodiguer, alors qu'une partie de golf l'attendait.

Le médecin et son assistante quittèrent les lieux, laissant Leïla seule avec la malheureuse.

« *Mon Dieu, que m'arrive-t-il?* soupira la Sans-Nom. *Je ne veux pas mourir! J'ai des choses à régler avant. Je voudrais demander pardon à mon époux. Après mon accident, j'ai perdu connaissance. Je me suis retrouvée dans un nuage baigné de lumière. C'est là que tout s'est mis en place: j'ai réalisé combien j'avais été injuste envers lui, combien il avait lui aussi souffert. J'ai pris conscience que la vie était un don précieux qu'il fallait préserver coûte que coûte. Je demande pardon à Dieu et à tous ceux que j'ai blessé. Comme j'aimerais réparer mes erreurs, comme j'aimerais retourner en arrière! Mais je sais que cela est impossible. Messieurs les soignants, laissez-moi le temps de cheminer, laissez-moi le temps de me préparer à partir... Vous n'avez pas le droit de disposer de ma vie de la sorte! Oui avant, j'avais envie de mourir, oui avant, j'avais des pensées suicidaires, mais plus maintenant! Je demande à voir un prêtre, j'aimerais me confesser... Oh Seigneur, je t'en supplie... Seigneur, exauce ma prière: Envoie-moi un prêtre... Pardon, pardon, pardon!* »

L'attention de Leïla se porta sur la petite croix en or que portait autour du cou la Sans-Nom.

« Vous avez une bien jolie croix madame. » La jeune infirmière s'efforçait de parler aux patients plongés dans le coma afin de susciter une réaction.

La croix appartenait à sa petite fille. Elle le lui avait offert le jour de ses huit ans, juste avant son accident. L'enfant n'avait pas eu le temps de la porter.

Ce soir-là, Leïla rentra chez elle le cœur gros. Elle regretta tout à coup de faire partie du corps médical. Ce corps jadis si noble était aujourd'hui en décomposition. Arrivée chez elle, elle fit comme si de rien n'était. Elle s'occupa de sa vieille maman dont elle avait la charge, lui prépara à dîner et lui lava les pieds. Pour les musulmans, c'était une bénédiction de s'occuper d'un parent. Prendre soin d'un proche vieillissant, et notamment de sa maman, ouvrait grand les portes du Ciel. Entre son papa emporté par une longue maladie, dont elle s'était occupée et sa maman qu'elle choyait comme sa propre fille, c'est sûr, elle irait droit au Paradis ! *Machallah* !

Après avoir accompli son travail d'état et fait ses prières, Leïla partit se coucher. Il était tard mais qu'importe, demain, c'était son jour de repos. Elle s'était donné rendez-vous avec Aïcha, sa meilleure amie, pour faire les soldes. À elles deux, elles s'étaient promis de dévaliser le centre commercial ! Elles attendaient ce jour avec joie et impatience.

Contre toute attente, Leïla passa une des plus mauvaises nuits de sa vie. Elle rêva de sa défunte tante dont elle était si proche. Celle-ci lui brandissait la croix de la Sans-Nom en lui disant de ne pas perdre de temps.

Il était 15 h 12, son train arrivait à 15 h 15... Pour un peu, elle allait le rater ! Leïla détestait être en retard. Son métier de soignante lui avait fait prendre conscience que chaque minute pouvait être décisive. L'existence ne tenait pas seulement à un fil, mais aussi à une poignée de secondes... Combien de fois au bloc opératoire avait-elle contribué à sauver des vies *in extremis* !

La gare de Sarcelles était noire de monde. Elle n'était pas la seule à courir les soldes. D'ici une quinzaine de minutes, elle retrouverait sa petite Aïcha pour jouer les *fashion victims*. Un jeu où les deux amies excellaient...

Plus que quelques minutes avant que le train n'arrive en gare. Leïla pianotait sur son portable lorsqu'elle leva la tête et vit sa défunte tante sur le quai d'en face qui pointait du doigt une personne. À sa vue, la jeune femme eut un mouvement de recul. Sa parente disparut. Elle tourna la tête dans la direction que sa tante lui avait indiquée et vit un prêtre sur une estrade qui prêchait. « Ne perds pas de temps » lui dit sa tante dans un écho, « elle va bientôt mourir… »

Poussée par une mystérieuse force, elle s'approcha de lui. Leïla n'eut guère de mal à convaincre l'abbé de venir au chevet de la Sans-Nom : celui-ci était un brûlant serviteur de Dieu.

Accompagnée du religieux, elle déferla dans le couloir de l'hôpital. Ils pénétrèrent dans la chambre au moment même où le médecin s'apprêtait à lui faire l'injection de pentobarbital pour l'euthanasier.

« Non ! » cria l'abbé avec une douce autorité.

Surpris, Victor frisa la crise cardiaque. La soignante, transformée en assistante meurtrière, prit peur et s'écarta. Trop tard, le poison avait rejoint la Sans-Nom. Le prêtre s'avança jusqu'à la mourante, il lui prit la main. Il prononça des paroles en latin au creux de son oreille ; une larme s'échappa des yeux de la Sans-Nom. Il lui donna l'absolution et lui fit le signe de la croix. Marie-Ange sourit et rendit l'âme.

Gabin : Adios monde cruel

C'était une belle journée pour mourir : il faisait beau, l'air était frais, Paris souriait. Installé en terrasse aux côtés de son indécrottable compagne Mme la Solitude, Gabin savourait ce dernier moment comme un trésor car, ce soir, il serait mort. Il était fin prêt pour tirer sa révérence au monde. Il avait assez donné, assez espéré en vain. Il était temps pour lui de partir.

Il but une grosse lapée de bière qu'il savoura avec délice. Sa blonde maltée ne lui avait jamais fait faux bond, contrairement aux autres femmes… Il se repassa le film de ses amours, de ses amours défuntes, de ses amours rêvées. Il se rappelait, non sans émotion, de la petite-fille qu'il avait rencontrée chez Pégase, le bistrot où son paternel les amenait lui et ses frères. Son visage l'avait hanté toute sa vie. Qui était-elle, qu'était-elle devenue, à quoi ressemblait-elle aujourd'hui si, toutefois, elle était encore en vie ? Il y a des rencontres que l'on n'oublie pas, des rencontres qui vous accompagnent toute la vie. La petite inconnue aux longues nattes bouclées en faisait partie. Tel un condamné sur l'échafaud, il s'octroya une dernière clope. Qu'est-ce qu'elle était bonne ! Il tira sur sa Gitane avec délectation.

« Je vais te fumer ma petite ! » s'amusa-t-il à dire à voix haute.

Elle aussi ne l'avait jamais quitté. Les petits plaisirs sont parfois les meilleurs. Ce sont de précieuses branches auxquelles on se raccroche pour avancer… Il regardait autour de lui le monde s'agiter. Comme à l'accoutumée, celui-ci l'ignorait. Il aurait bien voulu échanger un regard ou un mot, mais personne ne le remarquait. C'était à se demander si la vieillesse ne rendait pas invisible… Un jeune couple prit place à côté de lui. Il leur sourit. Pas de réponse. Oui, les vieux étaient invisibles… Il était temps pour lui de prendre congé.

Son appartement était propre comme un sou neuf. Il l'avait récuré comme jamais, tout comme lui : il s'était mis sur son trente et un. Il portait son costume du dimanche et avait ciré ses souliers à lacets. Les marrons, ceux que son frère Guy lui avait ramenés d'Italie et qu'il ne mettait que pour les grandes occasions… Il n'était pas question pour lui de se présenter débraillé de l'autre côté. D'ailleurs, qu'y avait-il de l'autre côté ? Il allait bientôt le découvrir… Gabin avait pris soin de donner à manger et à boire à Zébulon, son canari. Pauvre petit, il était tout déplumé comme lui ! Lui aussi arrivait en fin de course… Il ouvrit la cage, le caressa et lui fit ses adieux. L'oiseau se mit à piailler comme pour l'implorer de rester avec lui. Gabin ne voulut rien entendre.

Sa décision était prise et mûrement réfléchie. Il y avait songé toute son existence. Le suicide était une belle fin de vie. Lui qui n'avait pas eu son mot à dire depuis sa naissance prenait enfin sa revanche. Il s'allongea sur son lit raide comme un piquet, les mains croisées sur le ventre. Zébulon vint le rejoindre. Il se posa à ses pieds. Gabin sourit.

« Tu vas me manquer toi, tu sais ? »

L'oiseau redoubla de « cui-cui ». Gabin ferma paisiblement les yeux. Ça y est, le moment tant attendu était arrivé ! Il allait enfin quitter cette chienne de vie ! Au bout de quelques minutes, il rouvrit les yeux, contrarié. Il avait oublié de faire quelque chose mais quoi ? Bon sang, c'était quoi déjà ? Qu'avait-il donc oublié de faire… ???

Marcelline et Fernande

« Regarde donc où qu'tu vas "la gosse" ! » grogna Marcelline à sa petite sœur de quatre-vingts ans qui poussait son fauteuil.

Fernande qui s'amusait du trouble de sa grande sœur se mit à slalomer entre les touristes. La place des Abbesses était remplie de promeneurs qui s'accrochaient aux rayons de soleil comme à la vie.

« Une pétocharde la Marcy, voilà ce que t'es ! Tu me saques le groin quand tu fais ta mémé ! » rétorqua provoc – c'est ça les jeunes – Fernande.

En cette belle journée, Fernande avait kidnappé sa grande sœur pour lui faire prendre l'air. Ce n'était pas une mince affaire pour l'extirper de son donjon. La princesse devenait mauvaise dès lors qu'on voulait lui faire quitter son domicile :

« Quéque c'est-y encore que tu viens m'emmerder à vouloir me sortir ! J'suis très bien où j'suis ! »

Un vrai poème ces deux sœurs ! Toujours là à se chamailler, mais toujours là à s'aimer. Elles étaient à elles deux une parodie de vieux couple :

« J'en ai marre de toi mais je suis incapable de faire un pas sans toi » !

Quelques engueulades et minutes après, elles arrivèrent devant une porte cochère.

« Sapristi ! J'ai oublié le code…, lança la Fernande à la Marcy.

— Ah ben, ça m'étonne point ! Toujours là à faire le clown, mais rien dans la caboche… Quand c'est-y-que tu vas grandir, nom d'une pipe ?!

— Oh, ça va la vioque, ça peut arriver à tout le monde ! C'est pas comme si je venais ici tous les jours, nom d'une belette ! »

Fernande s'était dit que ça ferait du bien à sa grande sœur de voir son arrière-petite-fille. Elle avait besoin de se changer les idées. Les jeunes étaient le meilleur des antidépresseurs. Comme disait « Lascar » Wilde : « La jeunesse fait prince quiconque la possède… » Prises de court par la vie et sa dure réalité, les deux sœurs n'avaient pu s'offrir le luxe de faire des études. Tandis que Marcelline assumait pleinement son illettrisme, Fernande faisait des efforts pour être « culturée », comme elle disait… Pour son anniversaire, elle avait demandé à sa grande sœur de lui offrir un *Que sais-je ?* des phrases connues.

« Alors, c'est pour aujourd'hui ou pour demain ? » beugla Marcy dans les oreilles de sa jeune sœur à moitié sourde, qui sursauta.

Une fenêtre s'ouvrit au rez-de-chaussée.

« C'est quoi ce vacarme ? lança une rousse boulotte aux cheveux courts.

— Toi la grosse, on t'a pas sonnée ! cracha à sa gueule Marcelline.

— Dites donc, la vieille, on se calme…

— Comment que tu jactes à ma sœur ? menaça Fernande en s'approchant de la femme.

— Vous, je ne vous cause pas ! rétorqua l'autre.

— Et moi, je te cause, grosse morue… » dit Fernande, prête à en découdre.

Un attroupement de curieux se forma autour des femmes, tandis que la tension montait. Le crêpage de chignon semblait inévitable. Friands des bagarres de rue – surtout entre bonnes femmes –, les badauds s'agglutinaient autour d'elles, leur portable à la main. Il n'était pas question pour eux d'en louper une miette. Sur les réseaux sociaux, le « crêpage de chignon » faisait un tabac ! De surcroît entre vieilles… Quelle rigolade !

« Mamie, Tatie, qu'est-ce qu'il se passe ? s'inquiéta une jeune fille qui tenait un sachet de viennoiserie dans les mains.

— Ah ben, te v'la, toi ! Tu tombes à pic… dit Marcelline en l'apercevant.

— Mademoiselle Cindy, vous les connaissez ? demanda la petite ronde interloquée.

— Un peu, mon neveu ! La petite est de notre famille… » dit Marcelline le regard noir.

Assises en rang d'oignon sur un sofa rose fuchsia, les trois grâces regardaient la télévision en se goinfrant de pains au chocolat. Pour rien au monde, elles n'auraient raté leur émission de téléréalité *Mannequin un jour, mannequin toujours*. Férue de mode et de potins, Fernande avait rallié à sa cause les femmes de la famille. Cette ancienne belle avait conservé le piment et la tchatche de ses vertes années. Malgré ses quatre-vingts balais – et des broutilles… –, elle avait gardé son imposante chevelure et sa silhouette de jeune fille. Toutes les autres vieilles étaient jalouses d'elle. Quant à Marcy, elle était fière de sa petite sœur, mais pour rien au monde, elle ne le lui aurait dit. Chez les Joubert-Bensoussan, la pudeur était de rigueur. C'était à la dure qu'on vivait !

« Mamie, t'as du chocolat sur le menton… », dit gentiment Cindy à son arrière-grand-mère.

Elle s'empara d'un bout d'essuie tout pour l'essuyer, elle refusa. Bien que touchée par le geste de son arrière-petite-fille, elle ne souffla mot.

« Suis pas encore impotente ! se contenta-t-elle de lui répondre en lui arrachant l'essuie tout.

— Oh, les filles, claquez vos beignets ! s'indigna Fernande en montant le son. C'est le moment où le *jurée*, il *dalibère*…

— Pour moi, la plus belle, c'est Gina Lollobrigida… Faut voter pour elle ! » beugla Marcelline dans un moment d'absence.

Fernande prit délicatement la main de sa grande sœur.

« Marcy, elle est clamsée Gina… Elle a passé l'arme à gauche.

— À gauche de quoi ? se réveilla Marcelline. C'est plus un cerveau que t'as, c'est un bouillon de culture ! »

Au lieu de la vexer, la réflexion de Marcy la ravit : sa grande sœur reconnaissait enfin sa culture intellectuelle… !

« C'est pas l'tout, enchaîna l'ancienne, c'est l'heure de l'apéro !

— Mamie, il est à peine 17 h 15…, osa Cindy.

— Bah, un petit coup de gniole peut pas faire de mal aux braves gens » surenchérit sa petite sœur. Va donc voir ce qui a dans le frigo…

Cindy se dirigea jusqu'à la kitchenette et ouvrit le réfrigérateur.

« Ça vous dit, de la bière ?

— Beurk ! C'est à cause de ça que j'ai plaqué mon ex ! C'était plus une haleine qu'il avait mais un tonneau de houblon ! s'emporta Fernande.

— Ah, ah, ah ! s'esclaffa Marcelline. Faut dire que la gamine – Fernande – avait de l'humour…

— Et la bouteille de « volka », qu'est-ce t'en a fait? interrogea la Fernande.

— La vodka? On se l'est sifflée à *Question pour un champion*...

— Oooh! dirent les deux sœurs en chœur. Quel dommage! Cindy se gratta la tête comme à chaque fois qu'elle réfléchissait.

— J'y pense, on m'a offert une bouteille de bordeaux pour mes un an à Pôle Emploi.

— Ben alors la naine, quéque t'attends pour la chercher? s'impatienta la vieille Marcelline.

— Y'a un problème...

— Y'a un problème, reprit mutine, Fernande, en chantant *« je crois bien que je t'aime... »*

— J'ai passé mon tire-bouchon au voisin.

— Va donc nous préparer des petits fours, dit la doyenne avec fermeté. La môme va aller le chercher!

— Tu pourrais au moins me demander mon avis! rétorqua Fernande, « la môme »...

— Allez ouste, et qu'ça saute! » continua l'ancienne dans son idée fixe.

La petite sœur bougonna et s'exécuta. « De toute façon, dans cette taule, personne ne la respectait. Comme disaient Les frères *Karamasauce* dans *Ditseieski*: "Plus j'aime l'humanité en général, moins j'aime les gens en particulier" »...

« C'est la porte d'en face, précisa Cindy. Celle où y a une coccinelle en déco.

— Tiens, une coccinelle... La bête à Bon Dieu, ma préférée! » lâcha Fernande.

« La môme » frappa à la porte avec la détermination d'un alcoolique en fin de verre.

Allongé sur le lit, Gabin ronflait du sommeil du juste. Il se réveilla brutalement. À sa grande surprise, il n'était pas mort. Zébulon ne l'avait pas quitté d'une aile. Au réveil de son maître, il se mit à tournoyer dans toute la pièce. Il ne volait pas, il dansait. Il dansait de la danse de l'amour : son maître était vivant !

« La vache, j'suis pas clamsé… dit-il en se touchant le visage et en prenant à témoin Zébulon. Comment ça se fait ? »

Gabin se souvint subitement de la dernière tâche qu'il avait omis d'accomplir : le pauvre bougre avait oublié d'avaler les barbituriques qui devaient l'emporter dans l'autre monde. C'est ainsi que son Alzheimer lui avait sauvé la vie.

Il se leva du lit, vaseux et déçu, en maudissant l'existence qui l'avait une fois de plus pris pour un con. Les coups à la porte redoublèrent d'intensité, il ouvrit. Fernande était là devant lui, un grand sourire aux lèvres. Il se sentit défaillir : il reconnut en elle la petite-fille aux longues nattes bouclées, celle qu'il n'avait jamais cessé d'aimer. La gamine de chez « Pégaze », le jour où ils avaient gagné le gros lot au tiercé… Ses jambes chancelaient, il faillit partir dans les pommes mais ne laissa rien paraître. Il fut pris de tachycardie, une violente douleur traversa sa poitrine. « Non, non, non, Seigneur, je t'en prie, je ne veux pas mourir ! Pas maintenant ! » Les cloches d'une église se mirent à tinter comme pour lui répondre. Son rythme cardiaque redevint normal. R.A.S., à part qu'il avait miraculeusement retrouvé l'amour de sa vie.

« T'as de beaux yeux tu sais… » se contenta de dire Gabin à « la môme ».

Pauline : l'amoureuse

À genoux devant l'autel religieux, Pauline pleurait comme à l'accoutumée. Comme à chaque fois qu'elle se retrouvait face au Christ au moment de l'élévation. Ce vendredi était un jour particulier : c'était le premier vendredi du mois consacré au Sacré-Cœur de Jésus. Ce cœur souffrant qui avait tellement aimé le monde jusqu'à se faire crucifier par lui et pour lui. Aux dires de Pauline, rien n'avait changé : « Cloué au bois du mépris et de l'indifférence, le Sauveur continuait de souffrir sa passion… La méconnaissance de son amour pour ses créatures et leur rejet à son égard brisaient son cœur brûlant de tendresse pour elles. »

Mme Pagnac pleurait parce qu'elle l'aimait, lui, « le Nazaréen ». Le Christ. Celui qui avait donné sa vie pour elle et pour tous les autres. Parce que les hommes n'en avaient que faire de lui et de son sacrifice, elle se devait d'être là pour le consoler, lui, son grand amour :

« Je me tiens à genoux au pied de ta croix Seigneur, en réparation de mes péchés et de ceux de mes frères et sœurs. Jésus, j'ai confiance et j'espère en toi. Par ta douloureuse passion, prends pitié de moi et du monde entier. Miséricorde, Seigneur, miséricorde ! J'implore ton pardon pour ceux qui te méprisent et qui blasphèment contre toi. Comme tu l'as toi-même dit sur la croix : "Père, pardonne-leur, ils ne savent ce qu'ils font"... Mon Seigneur et mon Dieu, je t'aime, tu es mon grand amour... J'ai trop hâte de te recevoir dans l'Eucharistie afin de ne faire qu'un avec toi ! », lui soufflait-elle amoureusement.

Pour rien au monde, elle n'aurait raté son « 5 à 7 » avec Jésus ! Il la rechargeait pour la semaine. Et puis, l'amour, ça se passe à deux.

« C'est bien beau de profiter de sa croix qui nous sauve mais en retour, que lui donnons-nous ? », disait-elle.

C'est ainsi que cette petite dame qui ne payait pas de mine et qui menait une vie des plus banales réjouissait par sa fidèle présence et ses prières le maître de l'univers, l'Éternel Tout Puissant. L'offrande de sa vie, pourtant toute simple, était pour le Bon Dieu un inestimable trésor. Au milieu de l'immensité de l'humanité, de ces huit milliards d'êtres humains, Pauline était un puits dans lequel le cœur souffrant du Christ prenait plaisir à se désaltérer. Inutile de dire qu'une suite royale l'attendait au Ciel...

Miss Daisy :
l'Eucharistie qui guérit

Tous les dimanches, Miss Daisy se rendait à la messe. Il n'était pas question pour elle de louper une célébration. Seul le Christ réussissait à l'apaiser. Lui, au moins, il ne l'avait jamais trahie ! Installée au fond de l'église, elle priait agenouillée. C'est à peine si elle osait lever la tête pour regarder la croix au-dessus de l'autel. Elle se sentait si indigne ! C'est d'ailleurs pour cette raison qu'elle ne communiait jamais.

« Une moins que rien comme elle ne méritait pas de recevoir le Christ ! » C'est ce qu'elle avait rétorqué au bon vieil abbé Joseph quand il lui avait demandé les raisons pour lesquelles elle s'abstenait de communier. Ce à quoi, il avait répondu que personne ne méritait de recevoir la communion, pas même lui. Le père, qui était un vieux routier de la foi, avait perçu en elle une belle âme. Pour Jésus, chaque personne était unique. Aussi, il était hors de question pour le curé de faire l'impasse sur une de ses brebis. Miss Daisy faisait partie de la communauté au même titre que n'importe quel paroissien. L'abbé ne ratait jamais une occasion pour témoigner auprès d'elle de la miséricorde du Seigneur. Il avait même réussi l'exploit de l'amener à se confesser. Ce fut la confession la plus longue de sa vie. C'est que la petite dame avait bourlingué !

Un jour, alors qu'une paroissienne devait porter la communion à Claude, une vieille dame qui ne pouvait plus se déplacer, il demanda à la Miss de le faire. Il fallait bien la familiariser avec l'Eucharistie… C'est ainsi qu'il lui confia tous les dimanches, la mission d'apporter Jésus à la bonne vieille Claude. « Mme Claude », comme l'appelait Daisy pour la taquiner…

Ce jour-là, elle partit aussitôt après la messe. Le père Joseph lui avait bien recommandé ne pas faire attendre Jésus présent dans le Saint Sacrement.

« Quand le Seigneur fait l'honneur à l'un de ses enfants de porter la communion à l'un de ses frères, pas question de traîner en chemin ! Il est responsable du Christ », lui martelait l'abbé.

Bien que l'obéissance ne soit pas son point fort, elle obéissait. Tel le petit chaperon rouge pressant le pas dans la forêt du monde, Daisy veillait à ne pas s'égarer en chemin. Elle portait la custode – l'écrin qui abrite l'hostie – dans ses mains jointes comme si elle abritait un trésor – ce qui était véritablement le cas… On eût dit une veuve éplorée tenant dans ses bras le corps adoré de son défunt époux. Sauf que dans le cas présent, il n'était pas décédé mais ressuscité ! Elle frappa à la porte de Claude, celle-ci était poussée.

« Tiens donc, c'est étonnant… », se dit-elle.

« Madame Claude, c'est le facteur du Christ… » cria-t-elle, enjouée, en pénétrant dans l'appartement. La vieille dame n'était pas dans le salon comme à l'accoutumée. Surprise de ne pas la trouver dans son fauteuil, elle alla voir dans sa chambre. Pas la moindre trace de Mme Claude… Où donc pouvait-elle être ? « Les petits vieux, ça a toujours un petit creux », se dit-elle en se dirigeant vers la cuisine. La petite dame n'y était pas. Seul aux pieds de la table, Harold, son chat, contemplait sa gamelle vide. Lorsqu'il l'aperçut, il vint se frotter contre ses jambes pour l'implorer de lui donner à manger.

« Il y a un truc qui cloche, confia-t-elle au chat en le caressant. Où elle est ta patronne, hein ? Elle ne s'est quand même pas volatilisée ! »

Inquiète, elle se saisit de son portable pour informer l'abbé.

« Qu'allait-elle faire de l'Eucharistie, lui fallait-il la rapporter ? »

Par chance, le vieux prêtre décrocha. Les trois quarts du temps, son portable était éteint…

« Dieu soit loué mon père, vous décrochez ! C'est Daisy…

— Oui, je sais, j'avais reconnu ta voix… faut dire qu'elle est particulière ! la taquina Joseph.

— Ah, ah, très drôle… rétorqua la Miss limite vexée. Je suis chez Madame Claude pour lui donner la sainte communion mais elle n'est pas là. Je trouve cela très inquiétant, surtout que son déambulateur est ici…

— En effet, dit l'abbé, la voix blanche. Elle a dû avoir un problème. Va voir la concierge, elle doit être au courant de ce qui s'est passé…

— Qu'est-ce que je fais de l'Eucharistie ?

— Tu la consommes maintenant. »

Miss Daisy chancela, ses jambes se mirent à trembler. Il était pour elle inenvisageable de communier. Elle avait trop peur, par ses péchés, de souiller le Corps du Christ.

« C'est impossible mon père… souffla-t-elle.

— Pourquoi donc ? », répondit sèchement le curé.

Il connaissait par cœur ses raisons. Son humilité l'honorait mais Satan était venu se greffer à l'intérieur. Du matin au soir, il lui martelait qu'elle était indigne lui faisant ainsi croire que le pardon du Seigneur avait ses limites, ce qui était complétement faux. Mais le Démon n'était pas à une manipulation près… Il faisait son possible pour la dissuader de communier, car il ne savait que trop bien que le Saint Sacrement apportait la guérison. En témoignent ces quelques paroles prononcées pendant la messe par le prêtre juste avant de communier :

« Seigneur Jésus Christ, que cette communion à ton Corps et à ton Sang n'entraîne pour moi ni jugement ni condamnation ; mais qu'elle soutienne mon esprit et mon corps et me donne la guérison. »

L'abbé savait que « Gaston-Daisy » était particulièrement aimé de Dieu. Même s'il se déguisait en poupée Barbie…

« Je suis venu pour les malades, avait dit le Christ, non pour les bien portants. »

La miséricorde du Seigneur l'emportait sur « la panoplie ». Le jugement n'appartenait qu'à Dieu.

« Pourquoi donc ?, insista le prêtre.

— Je ne suis pas digne de recevoir Jésus...

— Écoute-moi bien, ma petite, la custode n'est pas un tabernacle. Ça serait un blasphème que de laisser le Seigneur croupir à l'intérieur. Tu dois communier… »

Au bord de l'évanouissement, Daisy ne souffla mot. Harold, qui ne l'avait pas quitté des yeux, se mit à miauler comme pour l'encourager… Le père implora la Vierge Marie qu'il aimait tant et que Miss Daisy affectionnait particulièrement de leur venir en aide. Il eut tout à coup l'inspiration de la prier avec elle.

« On va dire un Je vous salue Marie ensemble, d'accord ? »

Étouffée par l'angoisse, Daisy resta muette. Le vieux prêtre ne se démonta pas : il avait confiance en Dieu et en la Vierge Marie.

« Au nom du Père, du Fils et du Saint-Esprit ! dit-il en faisant son signe de croix. Miss Daisy fit de même sans piper mot.

— Seigneur, envoie ton Esprit sur ta servante… le prêtre bafouilla et se reprit, sur ton serviteur Gaston, ton fils que tu aimes tant… »

De l'autre côté du fil, Miss Daisy se mit à pleurer.

« Délivre-le du Mal qui l'enferme dans son péché et qui l'empêche de croire en ton pardon plus fort que tout. Nous te le demandons par ton Fils Jésus-Christ, notre Sauveur, en confiant notre prière à l'Immaculée Conception. La seule de tes créatures qui soit sans péché…

« Je vous salue Marie, comblée de grâces,
le Seigneur est avec vous »

Tandis que des larmes inondaient son visage, elle se mit à prier à voix haute avec le prêtre.

« Vous êtes bénie entre toutes les femmes et Jésus,
le fruit de vos entrailles est béni.
Sainte Marie, mère de Dieu, Priez pour nous,
pauvres pécheurs,
Maintenant et à l'heure de notre mort. »

Miss Daisy mit le haut-parleur et posa son *smartphone* sur la table. Elle plaça la custode dessus et s'agenouilla devant elle. Au bout de quelques secondes, elle l'ouvrit et sortit l'Eucharistie. Elle tremblait. Elle leva respectueusement le Corps du Christ devant elle. Des rayons de soleil inondèrent l'hostie – à moins que ce ne soit elle qui rayonnait de lumière ?

« Seigneur…, Seigneur…, souffla-t-elle, gagnée par l'émotion, « je ne suis pas digne de te recevoir mais dis seulement une parole et je serai guérie… »

Miss Daisy ferma les yeux et ouvrit son cœur : elle communia.

À l'autre bout du téléphone, seul dans la sacristie, le vieil abbé pleurait.

IV
SI TU SAVAIS LE DON DE DIEU !

Jésus...

Mes petits chéris… si vous saviez comme je vous aime ! Tous, qui que vous soyez. Et particulièrement vous, « mes vieilles brebis »…Vous, mes amis, qui m'êtes restés fidèles malgré les épreuves de la vie. Et vous aussi, qui m'avez lâché la main à un moment difficile ; vous qui vous êtes révoltés en pleine tourmente ; vous qui croulez sous le poids de la croix ; vous qui tombez dans les méandres du péché ; vous qui souffrez le martyre dans votre chair et dans votre cœur ; vous qui êtes handicapés ; vous qui êtes dans un tel dépouillement que vous ne pouvez plus rien faire par vous-même ; vous qui êtes paralysés ; vous qui êtes crucifiés sur un lit d'hôpital ; vous qui dépendez du bon vouloir de vos semblables ; vous qui êtes diminués et rabaissés ; vous qui êtes dans la précarité ; vous qui êtes seuls et abandonnés ; vous les oubliés, les petits, les fragiles ; vous tous que le monde renie et oublie, vous êtes mes petits enfants chéris. La vieillesse vous rend dépendants et vulnérables comme des enfants. Elle vous revêt d'une couronne d'épines et d'humilité. Ne vous ai-je point dit, lorsque j'étais parmi vous :

> « Celui qui se fera petit comme cet enfant, celui-là est le plus grand dans le royaume des Cieux. Et celui qui accueille un enfant comme celui-ci en mon nom, il m'accueille, moi. Mais celui qui scandalisera un de ces petits qui croient en moi, il vaudrait mieux pour lui qu'on lui accroche au cou une de ces meules que tournent les ânes, et qu'il soit englouti en pleine mer. » (Mt 18,3-7)

Oui, vous tous qui souffrez et qui peinez, qui êtes dans le dépouillement, vous êtes la prunelle de mes yeux ! Comme je n'ai cessé de vous le dire :

> « Venez à moi, vous tous qui êtes fatigués et ployez sous le poids du fardeau, et moi, je vous procurerai le repos. Prenez sur vous mon joug, devenez mes disciples, car je suis doux et humble de cœur, et vous trouverez le repos pour votre âme. Oui, mon joug est facile à porter, et mon fardeau, léger » (Mt 11, 28-30).

Je ne vous ai jamais quitté et je ne vous quitterai jamais. Jusqu'à la fin des temps… Jusqu'à votre dernier souffle. Si l'on vous maltraite, si l'on vous humilie, si l'on vous déconsidère, priez votre Père qui est aux cieux de vous protéger de tous ressentiments. La colère est un péché : elle défigure le cœur de l'homme. Quant à la rancune, elle s'oppose au pardon. N'oubliez pas : « La mesure qui vous sert pour les autres servira aussi de mesure pour vous » (Jn 6,68).

Lorsque je vous ai dit de « prier pour vos ennemis et pour ceux qui vous maltraitent » (cf. Mt 5,44), c'était pour vous protéger de leur ressembler. La rancœur étouffe l'amour, elle pousse au jugement et à la vengeance. Et la vengeance, comme la haine et la dureté de cœur, conduit à la mort. Votre Père qui est aux cieux est un Dieu de justice. Remettez-lui vos peines et vos souffrances. Vos cris montent jusqu'à lui. Il donnera à chacun selon ses mérites en son temps. Mais vous, efforcez-vous de vous ajuster à sa volonté et à son amour. Ainsi, quand viendra le jour du jugement, vous ne craindrez rien. Car vous devrez répondre de chacun de vos actes aussi insignifiants soient-ils...

Vous êtes mes brebis, mes touts petits, mes bien-aimés. Personne ne pourra vous séparer de moi. J'ai donné ma vie pour que vous soyez sauvés. Ayez confiance en votre Père Céleste qui vous aime tant ! « Tous les cheveux de votre tête sont comptés » (Lc 12,7). Il veille sur vous et ne vous abandonnera jamais. Tout comme moi...

Pierre, Marcelline et tous les autres, je ne vous ai jamais quittés. Au plus profond des ténèbres de vos épreuves, j'étais là.

Pierre, lorsque Fernand abusait de toi, j'étais là, crucifié à travers toi. Quand tu souffrais des moqueries des grands et de ne pas avoir de parents, j'étais encore là. Je pleurais avec toi et faisais de mon mieux pour t'aider à porter ta croix afin que tu ne t'écroules pas. Mais pour cela, il fallait que tu me laisses faire. Combien de fois suis-je venu vers toi ? Combien de fois m'as-tu ignoré et parfois même, rejeté ? Ne sais-tu pas que les résistances de mes enfants font barrage à mon aide ? J'aimerais tant te donner ma paix mais pour cela, il faut que tu coopères. Je suis là pour toi...

« Petit Pierre », de grâce, cesse d'en vouloir à tes frères et sœurs qui sont aisés. Je suis le Dieu des riches et des pauvres, sans distinction. Tous sont mes enfants, peu importe leur situation sociale et qui ils sont. J'ai donné ma vie pour la multitude, non pour une poignée d'hommes. Tous ceux qui viennent à moi, je les accueille et leur donne le pardon et la paix. Ne juge pas l'Église, c'est elle qui te sauve. Je prie le Père pour qu'il t'apaise et te donne l'Esprit Saint. Je t'aime mon petit enfant…

Suzy, si tu savais comme je t'ai toujours trouvé belle ! À ta naissance, ton âme resplendissait ! Toute la sainte cour céleste s'en réjouissait. Plus tard, tu as choisi de courir après des ombres, privilégiant l'apparence à l'essence : l'amour, le vrai. Tu t'es attardée sur ce qui passait : la chair et la convoitise. Le Démon a su utiliser ce qui faisait ta richesse, ton cœur et ta sensibilité pour t'éteindre à la vérité. Il a rebondi sur ta soif d'être aimée pour te piéger. Je ne suis pas intervenu, car je t'ai donné le libre arbitre. Je suis ton Seigneur et ton Dieu, je ne m'impose pas.

Telle la femme adultère, tu as puisé l'eau du monde alors que je t'offrais l'eau vive de mon amour et de l'éternité. Tu as préféré t'abreuver à la source tarie, celle qui conduit au puits sans fond… Par la grâce du Père, j'ai pu te rattraper. Il aura fallu pour cela que l'Esprit te conduise en Amazonie ! Sacrée petite-fille : tu m'auras donné de l'âme à retordre mais l'essentiel est que tu sois sauvée ! Je suis fier de toi.

Raymond, mon fils et mon serviteur bien-aimé, Satan s'est approprié ta vieillesse pour te pousser au découragement et à l'amertume. Tu m'attendais dans mon institution alors que j'étais là, tout près de toi. Tu as passé les dernières années de ta vie à te lamenter, car ton évêque semblait t'avoir oublié. À cause de cela, tu es passé à côté de moi qui ne t'ai point quitté. Mon fils, tu t'es attardé devant l'arbre qui cache la forêt. C'est pour cela que j'ai demandé à mes créatures les animaux et à mon marchepied la nature de te venir en aide. Par la grâce du Père, tu t'es réveillé ! Grande joie sur terre et dans les cieux ! Tu as terminé ta vie terrestre en devenant ce saint prêtre que j'attendais. Si j'ai permis que tu te retrouves dans le désert, c'est pour te faire grandir. Il était essentiel que je croisse et que tu diminues. Toi, mon témoin au cœur brûlant, il te fallait passer par l'ermitage pour pleinement me rencontrer. De ta maison de retraite, perclus de douleurs et isolé, tu ne m'as jamais autant glorifié. Par ton humilité, ton abandon, ton obéissance et tes prières, tu es devenu le brûlant missionnaire que j'espérais. Mon petit enfant chéri, si tu savais le nombre d'âmes que tu m'as ramené, tu exulterais ! Sois béni mon vaillant apôtre ! Réjouis-toi : je t'ai préparé une place de choix juste à côté de moi…

La « Sans-Nom »… En plus de Marie-Ange, ton nom de baptême, je t'ai donné le nom de princesse ! Car, tu es ma princesse. Lourde était ta croix… Accablée de souffrance par le décès – provoqué par le Malin – de Louise, notre petit ange, tu t'es enfermée dans ta douleur. Tu as vécu les tourments de ma Mère lorsque, à l'agonie, elle était aux pieds de ma croix. Car il n'y a pas de plus grande souffrance que de perdre un enfant. Durant ta vie, je me tenais, moi, ton Seigneur et ton Dieu, aux pieds de ta croix mais tu as refusé mon aide, tout comme Pierre. Mes petits-enfants, comment voulez-vous que je puisse vous aider si vous me tournez le dos ? Tu as détourné tes yeux de mon regard d'amour leur préférant ceux de la colère envers ton époux. Tu t'es faite son propre juge alors que lui-même se consumait de douleurs. Le malheureux a vécu un double deuil : celui de votre enfant et la perte de toi sa femme qu'il chérissait tant ! Tel Paul sur le chemin de Damas, les écailles de la haine obstruaient ta vision. Petit à petit, Thibault, ton mari, a sombré dans l'alcoolisme. Face à votre détresse à l'un et à l'autre, le Démon exultait ! Non seulement, il avait brisé vos vies mais il allait ravir vos âmes ! C'est à ce moment-là que votre petite Louise est intervenue. Du ciel, le petit ange n'a cessé de prier pour que tu sois délivrée de la cuirasse de la haine. Car la cause de vos maux à tous les deux était ta colère. Pour se relever, ton époux avait besoin de ta miséricorde. Louise a prié pour que le pardon terrasse ton courroux. Satan sentant monter jusqu'à ses narines l'odeur de l'amour a pris peur. Alors que tu lui étais acquise, il a craint un instant que tu ne lui échappes. Avec son associée la mort, ils ont tous deux provoqué ton accident. Il leur fallait au plus vite ravir ton âme ! C'était sans compter sur l'amour et la puissance des prières qui lient les défunts aux vivants. Ma miséricorde a fait le reste… Louise a obtenu de mon Sacré-Cœur la grâce que tu pardonnes à ton époux. Le Père Tout-Puissant – qui ne souhaite que la rédemption de ses enfants – a saisi ce soubresaut de repentance dont tu as fait preuve au moment de partir pour te pardonner par ma sainte croix. Pendant ce temps, votre petite-fille priait ardemment pour implorer notre miséricorde. Leïla, bénie soit-elle, a écouté ma voix à travers celle de sa tante. Grâce à la foi, elle est allée convaincre mon serviteur, l'abbé Michel, un saint homme, de venir à ton chevet afin de te donner les derniers sacrements. C'est ainsi que tu as été emportée au ciel sur le chariot de feu de notre Amour au Père, à Moi-même et au Saint-Esprit. Sache que ma Mère, la Vierge Marie, n'était pas en reste non plus : elle a ardemment combattu les forces du mal qui assiégeaient ton cœur et celui de ton époux pour vous pousser à la révolte et à la colère.

« Gloire et louanges éternelles à notre Dieu trois fois Saint et à sa bien-aimée, la Vierge Marie, notre Reine, notre Mère ! » ne cesse de proclamer Louise depuis le Ciel. Aujourd'hui, ma fille, je te missionne de prier pour ma petite-fille Leïla, car elle a encore du chemin à faire avant de me rencontrer…

Gabin, mon petit Gabin… Il t'aura fallu une vie pour comprendre que mettre fin à ses jours, c'est mettre fin à ses rêves. C'est baisser les armes, c'est ne plus espérer. Que connaît l'homme de son avenir ? Le pire peut arriver comme le meilleur. La vie n'est faite que d'imprévus ! Si tu n'avais pas oublié de prendre les cachets, tu serais passé à côté de ton rêve le plus fou : retrouver celle qui t'a fait battre le cœur toute ta vie. Du reste, ta vie ne t'appartient pas car ta vie m'appartient. Je t'en ai donné la gérance, ne l'oublie pas. Tu ne peux disposer d'un bien qui n'est pas le tien. Si ta vie ne t'intéresse plus alors abandonne-la moi. Je saurais quoi en faire… Il y a tellement de souffrance, tellement de malheureux sur cette terre qui attendent une main tendue, un cœur aimant. Plutôt que de t'abandonner à la mort, abandonne-toi à la vie. Va sur le front de la misère humaine, sois utile : AIME. Si tu savais le don que te fait ton Père en te donnant sa vie. Par amour, il t'offre son éternité. C'est une grâce inouïe que cette vie ! Bien souvent, l'homme ne la considère que par rapport à son existence terrestre. Happé par les soucis, il en oublie la dimension éternelle. Comme le dit le psaume, le meilleur reste à venir :

> « Qui sème dans les larmes moissonne dans la joie : il s'en va, il s'en va en pleurant, il jette la semence ; il s'en vient, il s'en vient dans la joie, il rapporte les gerbes » (Ps 125,5-6).

Mon enfant, si tu es en vie, c'est parce que tu n'as pas encore accompli ta mission. Mais comment accomplir ta mission si tu ne me pries pas ? Comment écouter ma voix si tu t'éloignes quand je te souffle les paroles de vie ? Mon fils bien-aimé, tu attendais tout des hommes, alors qu'il fallait tout attendre de moi. Tu as construit sur du sable au lieu de construire sur le roc de la foi. Tu t'es accroché à tes semblables, espérant trouver la paix alors que toute paix vient de moi. Petit à petit, tu as perdu la foi en eux et en la Vie. Et puis, en toi… Jusqu'à déconsidérer la belle personne que tu es… Satan n'a eu aucun mal pour te plonger dans la neurasthénie. Le Démon rôde à la recherche de cœurs sensibles. Il entre chez eux par la porte du chagrin et de la mélancolie les poussant dans la dépression. Confortablement installé dans leur tristesse, il leur transfuse le perfide venin du découragement qui conduit au désespoir et parfois même à la mort : le suicide actif – mettre fin à ses jours – ou le suicide passif – se laisser mourir à petit feu. Tu en sais quelque chose… Le remède à tes maux de l'âme, c'est moi. Ça a toujours été moi. Si seulement tu m'avais prié, si seulement tu m'avais fait une place dans ton cœur, ta vie aurait été tout autre. Mais il n'est pas trop tard, il n'est jamais trop tard. C'est un piège du Malin que de faire croire que le temps est passé, que l'on ne peut plus rien faire. Certes, on ne peut pas revenir en arrière mais on peut toujours agir. Mon fils, espère, crois en la Providence, abandonne-toi à elle. Et tu verras que la vie te réserve encore bien des surprises et des joies.

Marcelline et Fernande, votre amour l'une pour l'autre me réjouit ! En ce temps de ténèbres où Satan s'évertue à détruire la famille, votre affection mutuelle est un doux parfum qui monte jusqu'à mon cœur. Toute atteinte à la vie est une atteinte à l'amour. Toute atteinte à la vie et à l'amour est une atteinte directe contre notre Personne, au Père, à l'Esprit Saint et à Moi-même. Si le Démon s'emploie à ainsi anéantir la famille, c'est parce qu'elle est le poumon du monde, le réceptacle de notre Amour. Elle relève l'homme et fait sortir ce qu'il y a de meilleur en lui. Sans l'engrais de sa tendresse, la terre se meurt. Alors que le cœur de l'homme est en friche, l'Adversaire fait pousser les mauvaises herbes du Mal qui sont l'égoïsme, l'égocentrisme et la dureté de cœur. La famille est le rempart qui protège du veau d'or de l'individualisme. Elle est un terreau d'espérance et de solidarité. La famille est du côté de l'amour et de la vérité, c'est pour cela que Satan se déploie pour la défigurer. Il cuisine les âmes fragiles en les faisant revenir à la sauce diable afin de redessiner le modèle de la famille : deux papas, deux mamans, des mères porteuses, des enfants enlevés à leurs parents, des naissances qui ne sont plus le fruit de l'amour mais celui d'une volonté personnelle liée à l'égoïsme et non au don de soi. Après l'avortement des enfants vient le temps de l'avortement des familles. Et bientôt celui de l'homme quand il se prostituera avec le transhumanisme, jusqu'à devenir lui-même une machine. L'abomination ! Alors que Dieu qui aime et qui respecte tant ses créatures s'est fait homme, l'homme se fait machine !

Le *diabolos* est le diviseur, le père du mensonge et de la manipulation ; c'est pour cela qu'il cherche à semer le trouble dans l'homme, à le disséquer et à diviser les familles. Il monte les enfants contre les parents, les parents contre les enfants, les frères contre leurs sœurs, les sœurs contre leurs frères, les hommes contre les femmes, les femmes contre les hommes. Comme je vous l'ai déjà dit : « Tout royaume divisé ne peut subsister. » Mais vous deux, mes petites filles chéries, Marcelline et Fernande, malgré vos forts caractères et vos divergences, l'amour l'emporte toujours ! Votre affection me ravit car lorsque je vois des familles divisées, brisées par les jalousies, les colères et les rancœurs, mon cœur souffre. Je rends grâce au Père pour vous deux mes petites fofolettes, même s'il vous reste du chemin à faire…

Pauline, ma bien-aimée, ma toute belle, ma promise, mon délice… Les paroles d'amour que tu susurres au creux de mon cœur sont pour moi le plus doux des baumes réparateurs. Comme j'aime « nos 5 à 7 », pour reprendre tes mots, comme ils me ravissent ! L'encens de tes prières monte jusqu'aux cieux, jusqu'à la demeure de Dieu. Offrande inégalable, l'Amour remplit l'Autel Céleste jusqu'à rejoindre la Trinité Sainte. Miracle de l'amour, prodige de la grâce, les prières de ses enfants réjouissent l'Éternel Tout Puissant ! Oh ma Pauline, oh ma princesse, qu'il me tarde de te retrouver pour ne plus te quitter. Que nous soyons enfin réunis dans la Jérusalem Céleste pour passer l'éternité à nous aimer ! « Là où il n'y plus ni pleurs, ni grincements de dents », mais seulement l'AMOUR... Qu'il me tarde de vous retrouver vous tous mes petits enfants chéris ! Vous qui m'êtes restés fidèles toute votre vie malgré les souffrances et les railleries. Vous qui avez été assidus à la prière et à la communion à mon Corps et à mon Sang. Vous qui savourez chaque jour ma Parole, vous mes adorateurs et mes serviteurs ! Vous tous qui pleurez et qui souffrez à cause de mon Nom, heureux êtes-vous !

> « Heureux les pauvres de cœur, car le royaume des Cieux est à eux. Heureux ceux qui pleurent, car ils seront consolés. Heureux les doux, car ils recevront la terre en héritage. Heureux ceux qui ont faim et soif de la justice, car ils seront rassasiés. Heureux les miséricordieux, car ils obtiendront miséricorde. Heureux les cœurs purs, car ils verront Dieu. Heureux les artisans de paix, car ils seront appelés fils de Dieu. Heureux ceux qui sont persécutés pour la justice, car le royaume des Cieux est à eux. Heureux êtes-vous si l'on vous insulte, si l'on vous persécute et si l'on dit faussement toute sorte de mal contre vous, à cause de moi. Réjouissez-vous, soyez dans l'allégresse, car votre récompense est grande dans les cieux ! C'est ainsi qu'on a persécuté les prophètes qui vous ont précédés. » (Mt 5,3-12)

Pauline et vous tous, soyez bénis!

Miss Daisy... Ah « Miss Daisy »... Mon petit Gaston! Mon fils bien-aimé, que te dire à part que je t'aime... que je t'aime comme tu es. Si je suis venu sur terre, c'est précisément pour te sauver, toi et tous les autres. Je rends grâce au Père Éternel et je bénis notre serviteur l'abbé Joseph de t'avoir poussé à me recevoir dans la sainte communion. Tu étais prêt: tu venais de te confesser et ton cœur était humble. Comme j'aimerais que tous mes petits soient en état de grâce comme tu l'étais pour me recevoir! Mais bien souvent, ce n'est pas le cas et cela me brise le cœur...

Combien de mes enfants reçoivent la sainte communion sans être préparés? Combien d'entre eux se confessent avant? Combien d'entre eux disposent d'un cœur humble? La plupart du temps, ils s'approchent de l'autel où je viens juste d'être immolé revêtus de suffisance et souvent distraits. Quand ils ne sont pas là à juger leurs frères d'à côté... D'autres encore se préparent à me recevoir en état de péché. S'ils savaient combien ils contribuent à me faire pleurer! Ces petits-là me causent bien des tourments! Non seulement parce qu'ils commettent un sacrilège envers mes précieux Corps et Sang, mais parce qu'ils s'exposent à de grands châtiments. Il vaudrait mieux pour eux qu'ils s'abstiennent de communier et qu'ils offrent une communion spirituelle. On ne reçoit pas l'Agneau Sauveur dans la boue de ses péchés et dans les ronces de l'orgueil... Lorsque les fils d'Adam se rendent à un mariage, ils se préparent et se font beau. Pour quelles raisons se rendent-ils aux noces de l'Agneau l'âme débraillée? Il m'invite dans la maison de leur cœur, alors qu'elle est remplie d'ossements et d'immondices. Pour eux, le sacrement de guérison devient un sacrement de condamnation. Tout comme mes enfants qui vont se confesser avec l'intention de recommencer après ou bien de ne pas faire d'effort… Sans parler de ceux qui font le tri dans leurs péchés : ils combattent certaines tendances et pas d'autres.

C'est une conversion de votre personne tout entière que votre Père attend de vous mes petits-enfants. De même que j'ai donné ma vie pour vous sauver pleinement et non pas par parties, de même vous êtes invités à pleinement vous convertir. Celui qui s'accommode avec un péché pactise avec le Mal. C'est l'être tout entier qui est appelé à s'ouvrir à Dieu et à faire des efforts de conversion par amour pour lui. Penser que tel péché fait partie de vous, vous dire que vous ne pourrez jamais vous en débarrasser est une offense à l'Éternel. C'est minimiser sa toute-puissance. À Dieu, rien n'est impossible !

Concernant la communion, tu dis vrai mon petit Gaston lorsque tu te reconnais indigne : pas un seul fils d'Adam n'est digne… Mais tu oublies une chose : l'Eucharistie n'est ni un trophée, ni une récompense. Elle est le remède qui apporte la guérison. Ne cesse pas de prier, mon tout-petit. La prière délivre des démons et renouvelle toute chose. Elle draine les eaux usées du Mal pour accueillir l'eau jaillissante de l'Esprit Saint. La prière apaise et guérit, elle te relie au Père. Dans ses bras, tu ne crains rien. Mon petit garçon, fais confiance à Dieu. Tout ce que le Père te demande, c'est d'abandonner ta volonté dans la sienne et de lui faire confiance. Il n'attend de ta part que ta bonne volonté et ton désir de te convertir. Le reste, c'est son affaire. Notre affaire. Sois dans la paix, mon fils, et cesse de te dénigrer. Nous t'aimons. Tu es une belle personne. Tu es un fils de Dieu… Confiance.

Show devant

La fête battait son plein. Les invités à la noce trinquaient joyeusement. Installés à des tables en plein air, ils tapaient dans les mains. En ce premier avril, Gabin, Ignace, Dupond prit pour épouse Fernande, Esther, Abigail Joubert. Le père Joseph avait célébré leur union *in extremis*. Sa 4L lui avait fait le coup de la panne.

Heureusement que Miss Daisy était dispo pour jouer les « *escort girls* ». Les deux étaient devenus inséparables. Ils étaient tout le temps fourrés ensemble. Le vieil abbé avait su gagner sa confiance, ce qui n'était pas une mince affaire… À eux deux, ils formaient un duo de choc. « Mme Claude » les avait surnommés « les Starsky et Hutch de l'évangélisation ».

Elle était revenue des urgences avec une nouvelle pile dans le cœur, elle pétait la forme ! Aussi, depuis le temps qu'elle leur disait de mettre une pile alcaline ! Mais ils ne voulaient rien entendre… Ah, les toubibs, je vous jure ! Elle avait eu son malaise le jour où Miss Daisy était venue lui apporter la communion. C'est pour cette raison qu'elle n'était pas chez elle. La providence a une façon bien à elle d'organiser les choses... Depuis qu'elle avait communié, Daisy était méconnaissable. Elle avait quitté la mélancolie, sa seconde peau, pour une ineffable joie. Elle rayonnait ! Elle s'efforçait d'aller plusieurs fois par semaine à la messe pour pouvoir recevoir Jésus, celui qui dorénavant lui faisait tourner la tête...

Pauline, l'autre amoureuse du Christ – il les lui fallait toutes ! –, s'affairait autour des convives, un plateau de petits fours à la main. Grâce à son nouveau patron, elle était devenue *manager*. Les mariés avaient choisi comme traiteur la boîte pour laquelle elle travaillait. Celle-ci avait été rachetée par Thibault, un riche industriel. Le pauvre malheureux sortait d'une longue dépression suite au décès de sa petite-fille emportée par un accident de poney. Son épouse, une ancienne danseuse étoile devenue SDF, venait de décéder. La police avait retrouvé la trace de son mari grâce au certificat de baptême de leur petite-fille Louise, que la malheureuse avait gardé sur elle. Thibault s'était confié à Pauline, car lui aussi était croyant. Il lui avait confessé que le départ de son épouse auprès du Bon Dieu avait tout chamboulé dans sa vie. C'est comme si par sa mort, elle lui avait redonné la vie ! Avec ce nouvel employeur, les conditions de travail avaient rigoureusement changé. Non seulement, il avait augmenté les salaires de chacun mais en plus, il distribuait les invendus aux nécessiteux.

C'est d'ailleurs à ses côtés, en lui donnant un coup de main, que Pauline avait rencontré une drôle de petite bonne femme au physique improbable qui ressemblait comme deux gouttes d'eau à l'acteur Sim ! Son bonnet rose à pois vert l'avait conquise sur-le-champ ! Elle avait des vues sur elle, car la petite dame n'était pas baptisée...

Pierre, le témoin de Gabin, faisait la conversation à Marcelline. Son costume trop grand et son nœud papillon de travers lui donnaient l'apparence d'un petit garçon déguisé en adulte. Ce qu'il était au bout du compte. Pour l'occase, il avait accroché sur son veston un badge avec la photo de Georges Marchais, son idole. C'était sa « légion d'honneur » à lui… Il ne s'était toujours pas remis de ce drôle de rêve qu'il avait fait avec l'enfant Jésus dans la crèche. *« Vingt Dieux, quelle histoire! »* Depuis, quand il rentrait chez lui, il passait devant l'église sans raser les murs. Qui sait, peut-être qu'un jour, il se risquerait à pénétrer à l'intérieur?

Raymond était installé à côté de son frère Joseph. Le Seigneur, décidément très gourmand, avait appelé les deux frères à la prêtrise. Non sans émotion, ils se rappelaient le jour où ils avaient annoncé à leur paternel qu'ils allaient rentrer au séminaire. Les frérots avaient provoqué un sacré tollé familial:

« Pas question! Vous vous marierez comme tout le monde! Et vous ferez une flopée d'enfants, tel oncle Auguste! »

Issu de la vieille noblesse française, il était inenvisageable pour leur daron de ne pas avoir de descendant!

Ce à quoi les deux frères avaient répondu en citant Abraham, le père des croyants:

> « Je te comblerai de bénédictions, je rendrai ta descendance aussi nombreuse que les étoiles du ciel et que le sable au bord de la mer, et ta descendance occupera les places fortes de ses ennemis » (Gn 22,17)

Leurs parents étaient bouche bée. Comment avaient-ils pu donner naissance à ces drôles d'énergumènes? Même la vieille tante Aglaë, connue pour être une grenouille de bénitier, ne leur arrivait pas à la cheville!

« Imaginez père, nous sommes deux… précisa Raymond. Voyez la descendance que vous aurez!

— Réjouissez-vous, par notre sacerdoce nous allons enfanter des multitudes d'âmes à Dieu ! enchaîna Joseph, tout à son bonheur.

— Allez au diable ! » s'était contenté de répondre leur patriarche avant de s'emparer d'un journal.

Miss Daisy, qui avait un petit coup dans le nez, alla trouver l'orchestre de bal musette. Elle s'empara d'un micro et murmura, coquine, à l'oreille d'un musicien. Elle entonna une chanson de son icône, Brigitte Bardot :

« Tu veux ou tu veux pas ? Si tu veux, tant mieux, si tu veux pas, tant pis : j'en ferai pas une maladie ! » dit-elle, faussement mutine, sous les encouragements du public.

Elle leur fit un *show* en son et lumière, n'hésitant pas à se parodier elle-même. Une *diva* sur la scène de l'Olympia… Généreuse, elle était un soleil pour tous ceux qui l'approchaient. Et surtout pour un certain Jésus auprès duquel, elle s'était engagée à vivre dorénavant dans la chasteté. C'est que « le beau juif », comme elle l'appelait, l'avait mise dans sa poche…

À la fin de sa prestation, elle invita « les jeunes époux », à savoir Gabin et Fernande, à la rejoindre sur la piste. La frénésie gagna les invités, ils se mirent à crier : « Un discours, un discours, un discours ! » L'assemblée se fit plus insistante, les amoureux n'eurent d'autre choix que de s'exécuter. D'une nature timide, Gabin prit sur lui. Quant à sa douce, elle était faite pour la fête. Fernande fit un *smack* à Miss Daisy – elle aussi avait un petit coup dans l'aile – et se saisit du micro sous les applaudissements des convives. À ses côtés, Gabin se tenait emprunté. Marcelline contemplait sa sœur des étoiles dans les yeux. Qu'est-ce qu'elle l'aimait « sa petite » ! Même si elle avait un petit pois dans la tête, qu'elle était piquée des hannetons, et qu'elle passait son temps à lui désobéir, c'était sa petite sœur chérie !

« Quéque tu veux, les jeunes, faut toujours qu'ils ouvrent leur clapet ! C'est des rebelles ces machins-là ! La petite, elle a besoin qu'on veille sur elle. Le beau gosse là, le ouistiti, il a intérêt de prendre ben soin d'elle ! Sinon, y va avoir à faire à “la vieille” ! Du rififi qui va y avoir… C'est que mamie, elle a pas sa langue dans la “pioche” ! Qui s'y frotte, s'y pique ! Qu'est-ce qu'elle est belle la petiote dans sa robe à froufrou tricolore ! Pour une fois, la mioche l'avait écoutée. Dire qu'elle voulait se saper avec une robe blanche à traîne avec des franges noires cloutées ! Elle l'avait vu sur Sharon Stone dans *Voici*, sa revue fétiche. Dans cet accoutrement, la petiote allait ressembler à un épouvantail ! Ceux qu'on mettait dans le temps dans les champs… Peut-être ben que le mariage va lui mettre un peu de plomb dans la cervelle… Quéque c'est-y qui sait, hein ? »

De tous les enfants qu'elle avait eus, Fernande était sa préférée… Elle la considérait comme sa fille. C'est pour cette raison qu'elle lui avait offert comme trousseau de mariage son vieux polochon. Sur le moment, la môme n'avait pas compris. C'est après coup qu'elle découvrit le pot aux roses, lorsque sur les recommandations de sa sœur, elle piocha à l'intérieur…

« La viok », t'es la plus forte ! avait-elle laissé échapper en sortant une liasse de billets. T'as pas que de la gamelle mais t'as aussi des idées… »

Pour le reste du butin, la vieille fit un testament – pour « faire les choses proprement » comme elle disait… Elle partagea son matelas bourré d'or telles des parcelles de terrain : une part pour Fernande, une autre pour Rose Chang-Li – « Fleur de Lotus » et le reste pour ses mioches. Même s'ils n'étaient pas la fleur des petits pois, il n'était pas question pour elle de les déshériter. « Ça se fait point ! »

« Chère famille, chers amis… dit Fernande d'un ton solennel. Si tantôt, on m'avait dit que j'allais me faire mettre la bagouze au doigt, j'aurais bien raclé de la ganache – rigolé –! C'est que les bons « zommes », ils me couraient sur le haricot! Faut dire qu'avec Ernest qui m'avait mis le grappin dessus et pis qui s'était barré avec la grue du voisin, j'ai eu le pompon! Treize que j'avais tiré!

— T'inquiète la Fernande, cria Marcelline de sa table, si t'as le moindre "couic", ta grande sœur est là! À la baguette qu'il va marcher ton jules, c'est moi qui te le dis! »

Gabin, « le jules », était aux anges. Pour lui qui redoutait la solitude et qui s'ennuyait à cent francs l'heure, les sœurs étaient du pain bénit! Tout comme les fromages, il aimait les femmes qui avaient du caractère. Et sa Fernande – sans parler de sa grande sœur –, elle en avait du caractère! Et puis…, il l'aimait! Il l'avait toujours aimée. Il ne remercierait jamais assez son Alzheimer de lui avoir fait oublier de prendre ses cachetons. Ce que Gabin ignorait, c'est que Pauline, qu'il ne connaissait ni d'Ève, ni d'Adam, par ses fidèles prières à Dieu avait contribué à ce qu'il ait la vie sauve. La puissance des prières dépassait tout entendement. Non seulement elles liaient les priants au Seigneur et leur apportaient la paix mais, par la communion des saints, elles rejaillissaient sur leurs frères et sœurs. Le jour où Gabin avait décidé de se suicider, Pauline avait passé la journée à l'adoration, en prière devant le Saint Sacrement. Les religieux, les religieuses et tous les priants, portaient le monde par leurs intercessions, même si les hommes s'en moquaient… Sans leurs prières, la terre serait le *Far West*.

« Tout doux la Marcy, beugla la Fernande : Cestui-là, c'est le bon! Avec lui, c'est "la fête à Neu Neu"! Et pis, avant de le zigouiller, laisse-moi un peu en profiter, si tu vois ce que je veux dire, hé, hé… », osa-t-elle, coquine.

Des hommes se mirent à la siffler tandis que des femmes applaudirent. Fernande changea radicalement de visage. On aurait dit une petite-fille.

« Je voudrais remercier ma grande sœur qu'a toujours été là pour moi… »

À l'autre bout de la salle, Marcelline écrasa une larme. C'était la troisième fois de sa vie qu'elle pleurait. La première fois ce fut lorsqu'elle vit la *Gestapo* embarquer leurs parents pour ne plus jamais les revoir. La deuxième, c'était à l'enterrement de son homme, et la troisième, maintenant.

« Merci la "viok" de jamais m'avoir abandonnée. Je sais bien que je t'ai donné du fil à retordre… J'étais, comme tu disais, une tête cramée ! Pis, j'ai pas toujours été obéissante, ça c'est vrai, ça… Merci d'être venue me délivrer de cette saloperie d'orphelinat où le directeur, il me battait. T'avais dix-huit-ans, moi dix. Je revois encore sa gueule quand tu lui as claqué le beignet et qu'après, on s'est taillées en courant ! Ça a été le plus beau jour de ma vie ! Avec celui d'aujourd'hui… Tu vois, la vie, elle a été dure avec nous mais elle nous a aussi gâtées grande sœur. Et pis le Bon Dieu, il nous a jamais abandonnées… »

Gagnée par l'émotion, Fernande racla de la gorge.

« Pis, je voulais aussi te dire… Je voulais que tu saches que je t'ai toujours aimée. T'étais mon héroïne, pire que Sue Ellen dans Dallas, c'est pour dire ! Sans toi, "la vieille", je sais point ce que je serais devenue… »

C'était la première fois de sa vie que Fernande disait « je t'aime » à quelqu'un. Dans la famille Joubert, on n'était pas habitués à montrer ses sentiments. Des larmes coulèrent sur son visage.

« L'amour, ça rend cucul la praloche… lâcha-t-elle en se mouchant dans un mouchoir usagé tendu par Gabin. Dis donc chaton, dit-elle en le voyant, ton mouchoir, il a une sale gueule ! Faudra penser à le laver… » lui balança-t-elle entre deux sanglots.

Suspendue aux lèvres de sa petite sœur, Marcelline, aux anges, buvait du petit-lait.

« Bon, c'est pas le tout ! reprit Fernande gagnée par la fierté. Il est grand temps d'écluser un gorgeon : "Champagne, m'sieurs dames !" Que la fête commence ! Profitons de la vie avant que la gueuse faucheuse nous dise "en voiture Simone" ! Comme le jacte si bien Hugo Victor : "Un seul être vous manque et la terre est dératisée" » !

En fin de « conte », en ce premier avril ni Pierre, ni Raymond, ni Suzy – perchée dans la pampa –, ni Marcelline, ni Miss Daisy, ni aucun autre protagoniste aux cheveux blancs ne désirait mourir. Bien au contraire : Tous savouraient la vie à plein cœur ! Car tous se savaient profondément aimés de Dieu…

« N'ayez pas peur : Je suis avec vous tous les jours jusqu'à la fin du monde ! » Je vous aime !
Jésus, le Nazaréen

FAIM

Remerciements

À tous les vieux!

Merci aux prêtres, aux religieux et aux religieuses qui portent le monde par le don de leur vie et par leurs prières!

Merci à mes frères et amis les padre Jean-Marie Moura, Florent Babaka, Julien Palcoux, Michel Gitton (Aïn Karem), Samuel Breton (Saint Benoit Labre) et tous les autres.

Un immense merci à sœur Sophie de l'Incarnation (Monastère de La consolation). Te kiffe grave sister.

Un Love merci à mes très chers amis Agnès et Antoine Colonna d'Istria pour leur soutien et leur fidèle amitié.

Merci au docteur Fabienne Lhasbellaoui-Gormond, une héroïque femme. La seule généraliste de toute la région à prendre encore des patients pour ne pas les laisser tomber!

Un big hug à tous mes poteaux de La bande à Jésus qui se reconnaîtront.

Merci à « la fée Colette » pour son aide auprès de maman. Sans oublier Lisa une sacrée battante auxiliaire de vie, ainsi que la belle Alison et la vaillante Cécilia!

Merci au talentueux Manemos pour la photo de couverture ainsi qu'à tous les anciens si adorables qui ont « posé »… Vous êtes juste lumineux !

Un grand merci à mon ami (et humain hors pair !) Yann Le Goff (« Dieu sauve ») pour m'avoir poussée à écrire ce livre et pour m'avoir incitée à aller sur les réseaux sociaux. Dieu te bénisse frère !

Un gros câlin d'Amour à Paule, ma petite maman. Merci ma chérie pour ton amour et ton soutien durant toute notre vie. Ta fille qui t'aime à jamais…

Table

III. IL ÉTAIT « UNE FOI »

IV- SI TU SAVAIS LE DON DE DIEU !

CONTACT NATALIE SARACCO

Pour écrire à Natalie et l'aider dans sa mission, merci d'adresser vos courriers à son association :

La Bande à Jésus
Natalie Saracco
Chaumière Notre Dame
Chemin des Marettes
27120 Croisy sur Eure

Pour retrouver son actualité :

sa chaîne YouTube
https://www.youtube.com/channel/UCnberNR_pD9Otzv_iUuaCNw
Facebook
https://fr-fr.facebook.com/realnataliesaracco/

Pour soutenir Natalie dans sa Mission d'évangélisation :

https://fr.tipeee.com/natalie-saracco-7/

Pour joindre Natalie par mail

(attention de ne pas coller un « H » à Natalie !) :
contact.nataliesaracco@gmail.com

Natalie Saracco vous donne rendez-vous tous les 4e jeudi du mois à 17h sur les ondes de Radio Maria France pour son émission en direct « La Bande à Jésus ! »

Achevé d'imprimer par
Normandie Roto Impression s.a.s.,
en février 2024,

N° d'imprimeur : 2400296

Dépôt légal : mars 2024

Imprimé en France

Mise en pages réalisée par
Jacques Motllo – 66470 – Sainte-Marie-la-Mer
145/2023